Zum Geleit

Wandern ist wieder zeitgemäß. Zahlreiche Wandervorschläge in Zeitungen und Broschüren informieren den Wanderlustigen über die Möglichkeiten, in den Naherholungsgebieten rund um Hamburg neue Kraft zu schöpfen. Eines der beliebtesten Ziele ist das Alstertal mit seinem Alsterwanderweg.

»Wandern soll nicht nur der Gesundheit, sondern auch dem Verständnis des Geschauten dienen«, heißt es in einer der erwähnten Broschüren. So mag denn der dritte Band in der Reihe der Heimatbücher unseres Bürgervereins, »Das Alstertal – Ausflugziel von damals«, denjenigen, die sich nicht mit bloßem Genießen und Schauen begnügen wollen, sondern sich auch gern mit des »Landes Geschichten« und verwandten Fragen befassen, ein »Führer« in eine sechzig bis achtzig Jahre zurückliegende Zeit des Alstertals sein.

Unsere Bücher »Gruss aus Fuhlsbüttel und Umgebung« und »Blick auf Fuhlsbüttel und das Alstertal« fanden so viel Anklang, daß sich der Bürgerverein entschloß, die einmal in das Alstertal gemachten Schritte auszuweiten und die gesamte Flußlandschaft zwischen Jungfernstieg und Quelle als Ausflugziel der Hamburger in der Zeit vor dem Ersten Weltkrieg darzustellen.

In den beiden ersten Bänden konnten wir erleben, wie das ehemalige Dorf Fuhlsbüttel zum Vorort der Stadt Hamburg heranwuchs. Mit Wehmut haben wir die Photographien mit den zahlreichen Strohdachhäusern betrachtet. Von den bäuerlichen Anwesen in Hummelsbüttel, die Prof. Eitner in seinen Bildern festgehalten hat, sind inzwischen etliche verschwunden oder müssen doch bald modernen Bauten weichen. So ist es in den meisten ehemaligen Dörfern in der näheren Umgebung Hamburgs.

Geblieben ist uns das Alstertal. Es hat zwar viel von seiner Ursprünglichkeit verloren, aber durch den Alsterwanderweg ist ein Landschaftsschutzgebiet erschlossen worden, das noch vielen Generationen als grüne Lunge erhalten bleiben möge.

Fuhlsbüttel, den 1. März 1975

F. W. Bothmann

1. Vorsitzender
Bürgerverein Fuhlsbüttel · Hummelsbüttel
Klein-Borstel · Ohlsdorf von 1897 e.V.

Titelbild: Kahnpartie bei Alsterdorf 1910 nach einer Photographie von O. Reich. Privatbesitz Eduard Buhbe, Alsterdorf.

Nachdruck, auch auszugsweise, nur mit Genehmigung des Bürgervereins Fuhlsbüttel · Hummelsbüttel · Klein-Borstel · Ohlsdorf von 1897 e.V.

Einbandentwurf und graphische Gestaltung: Christa v. Schirach
Satz und Druck: Hanseatische Druckanstalt GmbH
Klischees: Richard Piesold & Sohn
Printed in Germany 1977
ISBN-Nr. 3-920610-18-0

Das Alstertal

Ausflugsziel von damals

1890—1914

Photographien, Ansichtspostkarten, Anzeigen,
Kartenausschnitte, Arbeiten des Kunstmalers Ernst Eitner,
ausgewählt und zusammengestellt von Richard Hesse

Bürgerverein Fuhlsbüttel · Hummelsbüttel · Klein-Borstel · Ohlsdorf von 1897 e.V.
2. Auflage: M + K Hansa-Verlag GmbH, Hamburg · 1977

Ausfahrten und Ausflüge um 1890

Pfingsten ist vorüber! Tausende haben auf die schönen Tage gewartet, Pläne entworfen, beredet und ausgeführt, haben draußen im Freien Erquickung und Erholung gesucht. Wo man sich auch aufhielt in der näheren und ferneren Umgebung unserer großen Stadt, überall fand man wandernde Menschen, gefüllte Wagen, überfüllte Eisenbahnzüge und Dampfboote. In der Stadt war es still, und fast verödet lagen die Straßen da; die Stadt schien ausgestorben. An solchen Tagen zeigt sich, welch urwüchsig gesundes Gefühl noch in unserem Volke steckt; denn, wo noch mit solcher Lust und Liebe der Genuß der Natur und ihrer Schönheiten gesucht wird, da hat die Blasiertheit keinen Boden gewonnen.

Aber Pfingsten einschließlich Himmelfahrtstag bedeutet für viele doch nur die Eröffnung der Saison. An diesen Tagen bietet sich zum ersten Male die Gelegenheit, den Winterstaub abzuschütteln, und gar mancher hat soviel Freude und Lust an diesen ersten Ausflügen gefunden, daß er es bei ihnen nicht will bewenden lassen, sondern nun jeden freien Sonntag, der irgendwie durch seine Witterung die Ausführung des Unternehmens zuläßt, verwendet, um die anmutigsten Punkte der Nachbarschaft aufzusuchen und sich so immer wieder von neuem zu erfrischen.

Wir reden hier allerdings weniger von denen, die draußen das Leben fortsetzen wollen, das sie drinnen zur Winterszeit führen, die mit Extrazug oder Dampfboot nach Reinbek oder Blankenese fahren und gerade zum Beginn der Table d'hôte ankommen, um nun mit Bekannten und Unbekannten eng zusammengepfercht in einem Salon ihr Diner einzunehmen und sich nach genossenem Kaffee wieder in den überfüllten Eisenbahnzug oder das vollgepfropfte Dampfboot begeben. Wir meinen vielmehr diejenigen, die draußen wirklich die reine Luft einatmen, sich in der Schönheit der Umgebung neu beleben wollen und denen nach einem anstrengenden Marsch Schinken und Eier lieber sind als ein Menü von sechs bis acht Gängen. Diese sieht und hört man munter singend und plaudernd durch unsere Wälder und Auen schreiten. Vorzugsweise beliebt sind die Gegenden bei und hinter Blankenese, der Sachsenwald, die Walddörfer und das Gebiet der Oberalster. [W]

Dampferausflug 1911

Die Alster — ein Schmuckstück Hamburgs

Der Alsterpavillon 1892

Jeder der unzähligen Fremden, die alljährlich unsere Stadt besuchen, ist entzückt von der Binnen-, besonders aber von der Außenalster, und sie wissen die Lieblichkeit und das Malerische der reizenden Ufer nicht genug zu rühmen. Und der Hamburger selbst, wie hängt er an seiner Alster! Man braucht nur den immer mehr zunehmenden Verkehr mittels der Dampfboote anzuschauen, ihre Überfüllung an den Sonntagen, so sieht man, welche Bedeutung der kleine Fluß für unsere Stadt hat.

Er verdient sein Lob aber auch dadurch, daß sich nicht nur derjenige Teil, der sich in seeartiger Verbreiterung als Außenalster ausdehnt, uns so freundlich darbietet, sondern daß dies Gewässer, auch wo es einem gewöhnlichen Flusse gleich dahinfließt, also weiter oberhalb bei Eppendorf und Winterhude, höchst reizvolle Ufer hat, ja, man kann sagen, daß diese Ufer um so lieblicher werden, je weiter man den Fluß aufwärts verfolgt.[W]

Neuerdings haben auch die Maler der reizvollen Schönheit der Alster ihre Augen geöffnet. Mag die glühende Sommersonne ihre weite Fläche gleißend machen oder der Winternebel sich über knirschenden Eisschollen lagern, mag der Regen wie ein grauer Schleier sich herabsenken oder eine frische Brise die schaumgekrönten Wellen ans Ufer peitschen, mag Morgenlicht oder Abendlicht die reizendsten Tinten hervorzaubern oder Mondschein romantischen Seelen ihre liebsten Feierstunden schenken.[1]

Die »Jungen Hamburger«

Eine neue Generation Hamburger Künstler war unter Führung Alfred Lichtwarks, des Direktors der Hamburger Kunsthalle, emporgewachsen und hatte sich in der Freilichtmalerei speziell den Motiven der Heimat gewidmet. Die sogenannten »Jungen Hamburger«, im Hamburgischen Künstler-Club zusammengeschlossen, hielten ihre wöchentlichen Zusammenkünfte im Café Felber ab, die gelegentlich auch von Gästen besucht wurden, die keine Maler waren.

In einer Karikatur stellt der Kunstmaler Ernst Eitner die Mitglieder des Hamburgischen Künstler-Clubs zu Beginn des Jahrhunderts vor. Von links nach rechts: Nölken, Ahlers-Hestermann, Siebelist, Eitner, Schaper, Kayser, Friedrichs, Illies, von Ehren.

5

Eitner, *Wilhelm Heinrich Ernst, Maler, Rad., Lithogr., Holzsch., * 30. Aug. 1867 Hamburg, wohnt Hummelsbüttel bei Hamburg, besuchte die Volksschule Barmbek und Uhlenhorst, später die Gewerbeschule Steintor. Zuerst Lithograph, dann Studium Karlsruhe 1887/91, Meister-Atelier Schönleber, 1892 Akademie Antwerpen unter Prof. de Vriendt. Reisen: Paris 1900, London, Italien, Schweiz, Süddeutschland, Ostsee, Belgien. 15 Jahre an der Malschule Röver tätig, dann 2 Jahre im Auftrage der Oberschulbehörde Hamburg, Zeichenlehrer im Kopfzeichnen. 1892 Ehrendiplom für hervorragende Leistung, Intern. Aquar.-Ausst. Dresden, 1896 erster Preis auf der Plakat-Ausstellung des Kunstvereins Hamburg.*[3]

Ernst Eitner und das Alstertal

Durch den Direktor der Kunsthalle, Prof. Lichtwark, lernte ich Arthur Illies kennen. Wir verabredeten, uns zusammen in Wellingsbüttel einzumieten, um uns gemeinsam dem Studium des Alstortals hinzugeben. Hier, angesichts der Windmühle, des schönen Gutshofes mit prächtigem Park, des Gehölzes, der weiten Talwiesen, durch welche die Alster ihren verträumten Lauf nimmt, fanden wir überall herrliche Motive für unseren Pinsel. Oft stand ich schon um 4 Uhr auf, um die malerischen Nebelzüge über dem Wasser festzuhalten, manchmal mit vor Kälte steifen Händen; es gehörte viel Energie dazu, als Großstadtkind solchen Entschluß durchzuführen. Aber man wurde auch belohnt: Das Bad in der Alster entschädigte, und das darauf folgende Frühstück erwärmte.

Das strömende Alsterwasser zog mich immer wieder in seine Gewalt. Die wunderbare Ruhe der Natur, die Gehölze am Wasser entlang, die Kätnerhäuser, die Felder oben, alles wurde Gegenstand meines und meines Freundes Pinsels; denn man war zu jeder Tageszeit tätig und erfreute sich an dem Reichtum der noch unberührten Natur.[2]

Ernst Eitner aber hat die Landschaft des Alstertals nicht nur mit Zeichenstift und Pinsel in unzähligen Skizzen und Bildern eingefangen, er hat auch ihre Schönheit mit Worten beschrieben.

Ausflugsziel Oberalster

Unzählige Spaziergänger bevölkern an schönen Tagen den Alsterwanderweg von Winterhude bis über Wohldorf hinaus und erfreuen sich an den Schönheiten dieser einzigartigen Flußlandschaft. Für viele ist der Weg an der Alster entlang bereits zur Selbstverständlichkeit geworden. Und doch war es nicht immer so. Wer vor dem Ersten Weltkrieg an den Ufern der Oberalster wandern wollte, mußte von Ohlsdorf aus erst einmal auf sonniger und staubiger Landstraße das damals noch preußische Dorf Wellingsbüttel erreichen, um zu erleben, was der Wanderführer versprach:
Seitdem die elektrische Straßenbahn mit Schnelligkeit viele Hunderte von Menschen bis Ohlsdorf befördert, werden auch die früher sehr viel schwieriger zu erreichenden Orte, wie Wellingsbüttel und Poppenbüttel, an Sonntagen stärker besucht, und gerade diese Gegend verdankt ihren ganzen Reiz der oberen Alster. Und doch liegen die genannten Plätze nicht so nahe den Hauptverkehrsadern, daß man an ihnen eine lästige Überfüllung zu befürchten hätte. Auch noch oberhalb von Poppenbüttel behält der Fluß seinen malerischen, anmutigen Charakter. Hohenbuchen, die Mellingburger Schleuse, Rodenbek und vor allem Wohldorf verdanken ihm ihren Ruf.

Gegen Ende des vorigen Jahrhunderts hatte eine gewaltige Wanderbewegung die Großstadtbevölkerung erfaßt.

Neben dem »Wandervogel«, einem aus der Jugend erwachsenen Zusammenschluß Gleichgesinnter, waren es zünftige Einzelwanderer in derben Schuhen und zweckmäßiger Kleidung, modisch herausgeputzte Touristen, Ausflügler in leichten Sommerkleidern, Herrenpartien und Kegelclubs in Breaks auf Pfingsttour, Schulklassen, Radfahrervereine und nicht zuletzt die noch in geringer Zahl anzutreffenden Wassersportler, die das Alstertal aufsuchten.

Auf welchen Wegen alle diese Wanderer, Ausflügler und Touristen in der Zeit bis zum Ersten Weltkrieg die Gegenden der Oberalster als Ausflugsziel erschlossen haben und was sie hier an landschaftlichen Reizen, an historischen Bauten und nicht zuletzt an Einkehrmöglichkeiten vorfanden, das schildert der vorliegende Band. Er folgt dabei einer bisher unveröffentlichten Beschreibung der Alster vom Jungfernstieg bis zur Quelle in den Jahren um 1900 aus der Feder des 1955 verstorbenen Hummelsbütteler Kunstmalers, Prof. Ernst Eitner, deren auszugsweise Wiedergabe im Text mit [EE] gekennzeichnet ist. Ausschnitte aus einer Reihe von Wanderführern[W] aus der Zeit zwischen 1890 und 1914 und anderen zeitgenössischen Ortsbeschreibungen ergänzen den Text. Die Zahlen verweisen auf das Quellenverzeichnis am Ende des Buches.

Ecke Jungfernstieg und Alsterarkaden

Mit dem Dampfboot nach Winterhude

Der Hamburger sowie auch der fremde Besucher unserer Stadt denken bei dem Worte »Alster« immer zuerst an die beiden Becken der Binnen- und Außenalster. Hier liegt ein großer Teil des Interesses aller. Naturgemäß ist für den Großstädter der Ausgangspunkt einer Alstertour der Jungfernstieg. Hier an der großen und breiten Promenade, wo Geschäftsleute und Spaziergänger, Welt und Halbwelt sich begegnen, wo die Autos rasen, die Straßenbahnen vorbeisurren und vielerlei sonstige Fuhrwerke den Lärm vergrößern — der nun einmal zu einer Großstadt gehört — hier befinden sich auch die Abfahrtstellen der Alsterdampfboote. Sehen wir uns um, welch' eine Fülle von Eindrücken! Wir können gar nicht verstehen, daß so viele geschäftige Menschen hier von und zu den Dampfbooten eilen, ohne vor Entzücken über das sie umgebende Bild, über die wechselnden Stimmungen, stehenzubleiben. Wir sind die breite Haupttreppe heruntergekommen. Vor uns liegt zu beiden Seiten je ein Wartepavillon. Sie sind so unfroh, keine angenehme Form, keine frische Farbe, sie bieten eben nur Schutz den auf Boote Wartenden. Hübsche Blumenbeete entschädigen das Auge. Wir besteigen unser Dampfboot, das uns nach Winterhude bringen soll. Es entfernt sich vom Ufer. Das Becken der Binnenalster liegt vor uns. Im feinen grauen Silberton schließt die Lombardsbrücke den Hintergrund ab. Zu beiden Seiten die belebten Straßenufer mit ihrem Baumbestand.

Indem uns das Boot so der Lombardsbrücke entgegenträgt, präsentiert sich der alte Jungfernstieg als Silhouette mit den Kirchtürmen darüber. Der schlanke Petriturm in seiner feinen grünen Farbe erhebt sich hinter dem Europahaus, nicht weit davon der pfeilerartige Jakobiturm mit seiner kurzen Spitze. Zart und fast unkörperlich, wie ein Zeichen aus früherer Zeit, erblicken wir die hübsche Katharinenkirche mit ihrer lebhaften Form und den Durchsichten. Steif und gemessen erscheint uns der Turm der Nikolaikirche in seiner gotischen Art, die ihm eine Spitzengarnitur umhängt. Der Rathausturm ist weder steif noch schlicht. Er ist unruhig, denn er unterbricht seine aufragende Form immer wieder durch besondere Eckspitzen, Durchblicke und Ansätze oder Ausladungen. Aber er hat unter sich schön patinierte Kupferdächer, und da, dicht bei dem häßlichen Hamburger Hof, lugt der neue Michel hervor![EE]

Oben: Blick auf Alsterdamm und Rathaus
Unten: Blick auf den Jungfernstieg

9

Nun hat das Boot uns an die dreibogige Lombards-brücke gebracht, die ziemlich ernst und rußtonig vor uns steht. Über sie rasen die Eisenbahnzüge und die Straßenbahnen hinweg; gut, daß wir nicht darin zu sitzen brauchen, sondern die schöne Wasserfahrt machen. Überwältigend ist der Rückblick auf den Jungfernstieg oft des Abends, wenn eine vom Dunst und Rauch der Stadt wunderbar gefärbte feurige Sonnenuntergangsstimmung ihre Pracht ausstrahlt. Dann gibt es am Himmel und im Wasser Perlmutter und Gold, die Farben edler Steine und alle erdenklichen Töne, und doch ist jeder Vergleich matt und leblos gegen das, was Natur und Großstadt in einem solchen Moment zusammenwirken. Der flache Bogen der Brücke, unter der wir hindurch-fahren, bildet einen hübschen dunklen Rahmen für das Stadtbild. Nun sind wir hindurch, und starke Helligkeit ergießt sich wieder über uns. Vor uns breitet sich see-artig die Außenalster aus. Rechts zieht sich im Bogen das Ufer in den bläulichen Hintergrund zurück, links löst sich eine Reihe einfacher Häuser wohlhabender Ham-burger in dem parkartigen Grün von der Fontenay auf und lagert sich bei der Alten Rabenstraße der zartgefärbten Uhlenhorst vor. Die ausgedehnte Wasserfläche mit ihren vielen Lust- und Lastfahrzeugen macht einen frohen Ein-druck auf uns. Zur Rechten liegt die Alsterlust. Sie sieht als Gebäude recht nach Jahrmarkt aus, doch läßt es sich dort gut sitzen und auf das Wasser blicken.EE

Abend über der Binnenalster
An der Außenalster

Sehr zu empfehlen . . .

. . . ist es, für eine Fahrt nach Ohlsdorf-Fuhlsbüttel von der Stadt aus die Alsterdampfer bis Winterhude-Eppendorf zu benutzen. Von der Endstation der Dampfer geht man unter der Hochbahnbrücke hindurch in kaum 5 Minuten zum Winterhuder Marktplatz, von wo aus alle 10 Minuten mit Linie 28 der Straßenbahn Verbindung nach Ohlsdorf ist. Fahrpreis 10 Pfg. Man braucht bei Benutzung des Alsterdampfers eine gute Viertelstunde länger als mit der Straßenbahn direkt. An Sonntag- und schönen Feriennachmittagen ist der Anschluß in Winterhude unsicher, da die Wagen dort schon meist voll besetzt eintreffen. — Nach Vollendung der Alsterkanalisierung wird man voraussichtlich ganz bis Fuhlsbüttel mit Alsterdampfern fahren können.

Ab Jungfernstieg nach Winterhude-Eppendorf:
Morgens 4.55 bis 12.10 nachts alle 15 Minuten.
Während der übrigen Nachtzeiten ist halbstündlicher Betrieb. Fahrpreis 10 Pfg., Nachtfahrt 20 Pfg.[4]

Die Besatzung besteht aus drei Personen, dem Führer, dem Steuermann und dem Maschinisten. Der Führer, auch wohl Kapitän genannt, befestigt und löst den Dampfer an den Haltestellen und nimmt während der Fahrt das Fahrgeld ein. Der Steuermann steuert das Schiff von seinem Häuschen aus, das sich in den älteren Dampfern in der Mitte, in den neueren an der Spitze des Bootes befindet. Der Maschinist oder Heizer bedient die Maschine, indem er auf gewisse Klingelzeichen mit voller oder halber Kraft vorwärts oder rückwärts fährt.[5]

Dampferanlegestelle an der Außenalster

Alter und neuer Alsterdampfer

11

Blick von der Außenalster auf die Innenstadt

Rechte Seite: Bei der Fontenay

Je weiter wir die Lombardsbrücke hinter uns lassen

Über die Alster spannt sich ein weiter wolkiger Himmel, die duftigen Massen schieben sich dem Horizont zu ineinander. In den kurzen Alsterwellen, die durch Windstöße aus den verschiedensten Richtungen so merkwürdig klickern, schwimmen die vielen weißen Schwäne. Diese bringen etwas Anmutiges in das Durcheinander von Segelbooten, Dampfern, Ruderern und schweren und buntrumpfigen Ewern und schwarzen Schuten. Je weiter wir die Lombardsbrücke hinter uns lassen, desto mehr steigen die Kirchtürme über sie empor, bis sie so klein wird, daß das Stadtbild sie verschlingt und nur der weiße Dampf der über sie hineilenden Züge sie bemerkbar macht.

Harvestehude! Dieser Name schließt für uns Hamburger den Begriff von Reichtum, von vornehmen Landhäusern in schönen Gärten nach englischem Geschmack in sich ein. Wer den Anblick des Harvestehuder Weges nicht kennt, muß unbedingt einen Spaziergang dahinunter machen, muß links in die lauschigen Gärten und rechts über das Vorland auf die Alster und die Uhlenhorst blicken. Diese Straße ist noch eine der wenigen, die nicht direkte Verkehrsadern sind. Schmal schmiegt sie sich der Alster und den Gärten zu. Prächtige große Bäume stehen zur Seite und bieten dem Spaziergänger Schatten.

Doch schwebt jetzt eine Gefahr über der stillen Straße. Wie bei der Fontenay die breite, kahle, schattenlose Uferstraße angelegt wurde, will man hier in der Fortsetzung unseren schönen Harvestehuder Weg verbreitern, wodurch er seinen Reiz verlieren würde.[EE]

Das Uhlenhorster Fährhaus,
eine Perle Hamburgs.

Hamburg hat keine Erholungsstätte in seiner Umgebung, die von Groß und Klein so geliebt, so gern besucht wird wie das weltbekannte „Uhlenhorster Fährhaus". Wie Hamburg und die Alster, so sind Außenalster und jenes Uhlenhorster „Idyll" untrennbare Begriffe.

Die Hamburger Außenalster! Welch schöne Erinnerungen erweckt dieser Name bei allen Binnen- und Ausländern, die Hamburg kennen gelernt und hier, und seien es auch nur wenige Stunden, geweilt. Umgeben von wunderbaren Park- und Gartenanlagen, sehen wir von den Uhlenhorster Terrassen aus dasselbe buntbewegte Leben und Treiben auf der weiten Wasserfläche, die an ihren Ufern das fesselnde Bild entzückender Villenbauten und Paläste widerspiegelt. Hunderte weißer Schwäne ziehen zwischen zierlichen Ruderbooten und malerischen Seglern ihre Bahnen, geräuschlos gleiten schmucke Dampfschiffe vorüber und am jenseitigen Ufer, hinter dessen prächtvoller alter Allee, sehen wir den Abendhimmel in glutrote Fluten tauchend, im ewigen Wechsel die Zeiten die Sonne verkünden. Jetzt wird es um uns hell, festhell. Tausende von bunten elektrischen Glühlichtern in den Zweigen der Bäume, an den Fassaden der Gebäude und

des alles überragenden Aussichtsturmes, am Uferrand und in den gärtnerischen Anlagen, geschickt und effektvoll verteilt, spenden ihr Licht. Wie Möwen ziehen von der Lombardsbrücke her unzählige Segelboote, gefolgt von der neugierigen Schwänen, heran, empfangen von den Klängen des soeben begonnenen Abendkonzerts: „Das Uhlenhorster Fährhaus, der fashionable" Sammelpunkt der Hamburger, ist in ein Märchenschloß verwandelt. Nicht mit Unrecht bezeichnet man draußen im Reiche das Uhlenhorster Fährhaus wegen seiner unvergleichlich schönen landschaftlichen Lage, seiner imposanten Bauart und seinen aussichtsreichen Terrassen als das prächtigste Gartenetablissement Deutschlands.

Im Sommer finden täglich Militärkonzerte statt, ferner jeden Mittwoch das gewohnte Brillantfeuerwerk auf der Alster und jeden Sonnabend sowie aus besonderen Anlässen Illumination. Daß man im Uhlenhorster Fährhaus ein vornehmes Weinrestaurant verbunden ist und daß das Etablissement über komfortable, herrliche Aussicht gewährende Hotelzimmer für kürzeren und längeren Aufenthalt verfügt, soll schließlich nicht unerwähnt bleiben.

Aus Reclams Universum 1911
Das Uhlenhorster Fährhaus. Nach einer englischen Ansichtspostkarte

Der farbige Widerschein der Garten-beleuchtung

Die ganz im Grün liegende Seite der »Schönen Aussicht« bis zum Fährhaus bietet sich uns sehr lauschig dar, die Bootskolonie bei der Auguststraße bringt Unterbrechungen hinein. Ein Tummelplatz für abendliche Ruderer, für Farbengedichte der Feuerwerke im Mondschein ist die Alster vor dem Uhlenhorster Fährhaus. Hier liegen dicht gedrängt Boote, private und gemietete, vor der mit vielen Blumen geschmückten Umfassungsmauer. Die Insassen hören die Konzerte an, unterhalten sich, Blicke werden gewechselt, viele kennen sich. Dazwischen der farbige Widerschein der Gartenbeleuchtung im glucksenden Wasser als Gegensatz zu den Fahnen und den verschiedenen Toiletten der Damen. Und die, welche im Garten sitzen, haben zu diesem Bild als Hintergrund die Baumgruppen von Harvestehude, die anlegenden und wieder forteilenden Dampfboote und darüber den Mond. An besonderen Abenden prasseln und zischen dann noch die Feuerwerkskörper in die sammetviolette Dämmerluft. Werfen wir noch einen Blick zurück. Da schiebt sich der grüne Rand von Harvestehude vor die entfernte, im Dunst liegende Stadt. Drüben in St. Georg blitzen einige Dächer aus dem warmen Grau. Zur Seite winkt der weiße Turm des Fährhauses. Nachdem die Alster jetzt rechts einen Kanal zum Mühlenkamp zeigt, schließt sich das große Becken bei der Krugkoppelbrücke. Unser Boot fährt in einem schmaleren Arm Eppendorf entgegen. Wenn wir die Brücke hinter uns haben, fällt unser Blick links auf die imposanten alten Eichen mit den saftigen Grasplätzen davor.[EE]

Die Fährhausbucht bei Abend

Die Winterhuder Brücke
Eppendorfer Kirche

Bei der Streekbrücke ist wieder eine Grünanlage, am Geländer eine lebhafte bunte Blumenreihe. Unser Boot läßt das Wasser tüchtig an die Holzverkleidung der Böschung klatschen, so daß die Wellen sich immer wieder in die dortigen Nischen hineinzudrücken und hinaufzuspritzen versuchen. Dann taucht links der Turm der Eppendorfer Kirche vor uns auf. Daneben ein schlichtes älteres Pastorat und unsere Fahrt ist zu Ende. Nicht aber unser Ausflug! Der Dampfer wird festgelegt, alles geht die Treppe hinauf und benutzt nun die Straßenbahn nach Ohlsdorf. Für viele ist die Alster hier zu Ende. Das Interesse hört auf, es beginnt erst wieder in Fuhlsbüttel zu erwachen.EE

Winterhude – ländliche Kleinstädtlichkeit

In Winterhude trennen wir uns kurze Zeit von Ernst Eitner und schauen uns hier und in dem benachbarten Eppendorf ein wenig um.

Schon die allernächste Umgebung Hamburgs zeigt uns in den äußeren Vorstädten verschiedene Bilder. Jede von ihnen hat meist einen bestimmten, in ihrer Lage, ihrer Bevölkerung, ihrer Geschichte oder irgendwelcher Eigenart begründeten Charakter. Eppendorf und Winterhude sind bestimmt durch die Reste ländlicher Kleinstädtlichkeit.[6]

Winterhude, das nur im Süden und im mittleren Teil eine dichtere Bebauung aufweist, bietet im übrigen noch sehr ausgedehnte Flächen, die jetzt landwirtschaftlich genutzt, einer ganzen Wohnstadt Platz zu bieten vermögen. Die Bevölkerungszahl Winterhudes hat sich zwischen 1880 und 1895 von ca. 3000 auf 11 000 Seelen vermehrt.[7]

Ein Marktplatz ohne Markt

Der »Winterhuder Marktplatz« erhielt seinen Namen im Jahre 1900, der indessen geschichtlich nicht begründet ist, da Winterhude keinen Markt gehabt hat. Die Fläche besteht in der Hauptsache aus dem ehemaligen Hirtenkatenplatz, der, nachdem 1899 das alte Akzisegebäude sowie das Spritzenhaus daselbst abgebrochen waren, mit Anlagen versehen wurde. Die Uhr des Akzisehäuschens wurde im Giebel des späteren Straßenbahnwartehäuschen wieder angebracht.[8]

Bäckerei H. Renck am Winterhuder Marktplatz um 1880

Straßenbahnhaltestelle am Winterhuder Marktplatz 1899

Entfernungen. Hamburg-Winterhude 5 km, Winterhude-Alsterdorf 3,1 km, Alsterdorf-Ohlsdorf 1,2 km, Ohlsdorf-Fuhlsbüttel 1 km, Fuhlsbüttel-Eppendorf 3,8 km.

Verbindungen nach Winterhude. Alster-Dampfböte vom Jungfernstieg stündlich 3 mal (15, 35, 55 Min.) in 32 Minuten. Sonn- und Festtags nachmittags 10 Minuten-Betrieb. — Strassenbahn via Eppendorf (s. S. 66) alle 10 Minuten. Ferner Linie 28: Hamburg—Ohlsdorf über Winterhude. Ab Rathhausmarkt über Uhlenhorst, über Mittelweg oder über Rotherbaum-Chaussee. — Linie 6: Hamburg—Barmbeck—Ohlsdorf. Ab St. Pauli, Reeperbahn, über Rathhausmarkt, Winterhuderweg, Barmbeck (Zoll), alle 20 Minuten.

Für Radfahrer. Lombardsbrücke—Uhlenhorster Fährhaus (3,2 km) — links ab mit der 2. Adolphsstr., Gellertstr., Fernsicht, Leinpfad, Winterhude (6,2 km) — Alsterdorfer Anstalten (9,1 km) — Ohlsdorf (10,3 km) — Fuhlsbüttel (11,3 km).

Winterhude (5 km von Hamburg) ist ein hamburgischer Stadttheil, mit ca. 13 700 E., welcher in schneller Vergrösserung begriffen ist. Die anmuthige Alsterfahrt hierher macht Winterhude zu einem angenehmen Ziel für Nachmittagsausflüge.

Restaurant. Winterhuder Fährhaus, an der Alster. (Sonntags Tanz.) — Lindenpark mit grossem, schattigen Garten. Tanz-Salon. Wird gelobt.

Von Winterhude über Alsterdorf nach Ohlsdorf (3,5 km). **Verbindung.** Strassenbahn. Alle 20 Minuten. Sonn- und Festtags alle 10 Minuten.

Die Fahrstrasse führt von Winterhude nördlich nach **Alsterdorf** (7 km von Hamburg).

Verbindungen nach Winterhude 1901

Am Winterhuder Marktplatz um 1860 — und rechts um 1910 mit vorgebauter Schlachterei

Linie 28 um 1903

Die sieben Bauernhöfe . . .

Ausschnitt aus der Karte von 1895 mit eingezeichneten Höfen 1–7

Der Timmermannsche Hof am Winterhuder Marktplatz

. . . lagen an der damaligen Eppendorfer Straße, zwei davon auch am Eppendorfer Stieg, nämlich Ohls Hof und Krochmann. Die Eppendorfer Straße begann beim Fährhaus. Dann kamen die Höfe Witt und Timmermann, auf der anderen Seite die Bleicher Schleu und Claus Ellerbrock, der Gewürzkrämer Heinrich Ohl und der Kaufmann Adolph Sierich. An der Barmbeker Straße lag der Sierichsche Hof. Die erste Kunststraße Winterhudes, die Ulmenstraße, war dicht bebaut. Neben anderen Gewerbetreibenden hatte hier die Flut der Bleicher, 17 an der Zahl, ihr Domizil. Auch die Alsterdorfer Straße war dicht besiedelt. Adolph Sierich war gerade dabei, die Gegend vom Langenzug und Bellevue mit Kanälen zu durchschneiden und mit neuen Straßen aufzuschließen. Er glaubte, daß durch die Gründung dieses neuen Stadtteils dem Staat ein Nutzen erwachsen könne.[9]

Bis 1900 bewahrte Winterhude ungefähr das Bild wie die ehemaligen Vororte nahe der Stadt in den 80er Jahren des 19. Jahrhunderts.

Gewürz-, Fett- und Eisenwaren-Handlung von Heinrich Ohl

Winterhuder Lindenpark um 1901

Gruss aus Winterhude.

Grasweg und Barmbeker Straße um 1905

Aus einem Wanderführer von 1890

Mühlenkamp.

Verbindungen. Alsterdampf-boote. Alle ¼ St. 10 Pfg. | Pferdebahn. Vom Rathhaus-markt Hamburg ab (Linie Uhlenhorst). Alle 8 Min. 25 Pfg.

Mühlenkamp ist der grösste Sommergarten Hamburgs für das anständige bürgerliche Publikum, welcher Volks-belustigungen aller Art bietet. Der grosse schattige Garten wird in der Woche sowie Sonntags hauptsächlich von Familien besucht, welche ihren Kindern hier Belustigung verschaffen wollen, Sonntags ist er ein Dorado für die Tanzlustigen. In der Woche ziehen die populären Konzerte, die Kegelbahnen, die vielen Turnapparate, die in Hamburger Mundart sprechenden Polichinells, die Schiessbahn und Sonntags die Tanzmusik in den weiten Sälen die Be-sucher, sowie die Rutschbahn namentlich das Damen-publikum an; auch ist für Velociped- und Eissport ein herrliches Terrain hergerichtet, also ein vielseitiges, lustiges Getriebe.

Brücke nach Uhlenhorst.   Turn-Apparate.   Orchester. Veranda. Gartenschenke. Salon. Kegelbahn.   Eisberg.

Besitzung und Gastwirthschaft von J. Gertig & H. Deisselberg.

Gertigs Mühlenkamp um 1865

»Gertigs Mühlenkamp«

1717 kam es auf dem noch ziemlich unwegsamen Osterbekgelände zum ersten Hausbau. Bis dahin gab es in Winterhude nur die sieben Hofstellen. Das zweite Anwesen wurde 1837 an den Tapezier Canepa verkauft, der hier eine Wirtschaft mit Kegelbahn führte und so den Grundstock zu dem Belustigungsgewerbe legte. 1858 erwarb der Lotterie-Collecteur Julius Gertig den Besitz. Nach Vollendung der Mühlenkampbrücke strömte das Publikum zu den Flügelmusiken zum Mühlenkamp. Nach einer Zerstörung des Hauptgebäudes durch Feuer ließ Gertig einen neuen großen Saal mit Nebenräumen erbauen und nahm das nur einfach ausgestattete Lokal zu Pfingsten 1887 wieder in Benutzung.[9]

21

Winterhuder Fährhaus 1870

Winterhuder Fährhaus 1888

Ein Fährhaus ohne Fähre

1859 wurde die Alsterdampfschiffahrt eröffnet. Ein Jahr später fanden täglich sechs Fahrten vom Jungfernstieg nach Winterhude und zurück statt. Die Dampfer legten in Winterhude etwa 50 m unterhalb der Brücke an. Eppendorf, das damals viel mehr Verkehr zur Stadt hatte als Winterhude, konnte keinen Dampfschiffssteg erhalten. An der einzigen dafür geeigneten Stelle zwischen der Kirche und der später abgebrochenen alten Eppendorfer Dorfschule gab es zwar einen Landungsplatz, aber der wurde zu jener Zeit noch ständig gebraucht. Hier legten die Bauern, die Milch und Torf zur Stadt schafften, mit ihren kleinen Ewern und den Alsterkähnen an, um beim Küster, der eine Schankerlaubnis hatte, einzukeh-

ren. Die Fahrgäste der Alsterdampfer fanden auf der Winterhuder Alsterseite keinen Schutz bei Wind und Wetter. Der Steg war äußerst primitiv. Das einzige Haus in erreichbarer Nähe gehörte dem Kohlenhändler Jacobs. Aber er hatte genug an seinem Kohlenhandel. Es sollten noch Jahre vergehen, bis Jacobs sich bereit fand, um die Erlaubnis »für die Betreibung einer feinen Wirtschaft« nachzusuchen. Die Erlaubnis wurde erteilt. Seitdem gibt es ein »Winterhuder Fährhaus«, — eine Fähre hat es hier nie gegeben. Die Besitzer wechselten in schneller Folge. 1876 erwirkte der derzeitige Besitzer die Erlaubnis, ein Klublokal zu erbauen und Tanzmusik abzuhalten. Erst in den 90er Jahren verschwand das von Jacobs erbaute Haus. Es machte Platz für den Eckbau mit dem wohlbekannten Türmchen, der sich an den bereits vorher entstandenen Saalbau anschloß.[10]

Die Winterhuder Brücke

Bereits 1878 wurde die Holzbrücke von 1841 erneuert. Überspannte die Brücke früher zwei Wasserarme, die eigentliche 14 m breite Alster auf der Winterhuder Seite und den ebenso breiten »Doven Streek« auf der Eppendorfer Seite, so wurde jetzt die etwa 10 m breite Landzunge, die die beiden Wasserarme trennte, bis gut 15 m oberhalb der Brücke weggenommen. Bei dem zweiten Wasserarm handelt es sich um die ehemalige Mündung des Tarpenbeks.

Unter der Brücke gab es einen Durchgang. Ursprünglich zum Treideln der Schiffe als Leinpfad angelegt, wurde er gern benutzt, wollte man bequem von der Dampferanlegestelle zu einer Gastwirtschaft gelangen, die oberhalb des Winterhuder Kais lag. Die Brücke, 1904 amtlich Winterhuder Brücke benannt, wurde 1914 wegen Baufälligkeit abgebrochen.[10]

Endstation des Alsterdampfers

Winterhuder Kai, im Hintergrund »Jacobs Etablissement«

Winterhuder Fährhaus — Vergnügungsetablissement 1. Ranges

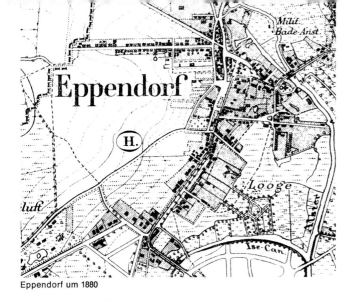

Eppendorf um 1880

Eppendorf – ein altes Kirchdorf

Eppendorf ist ein Vorort Hamburgs mit 5500 Einwohnern und ist wie alle hamburgischen Vororte sonntags ein Wallfahrtsziel für Erholungsbedürftige und Vergnügungslustige. Der Eppendorfer Markt in der ersten Juliwoche übt eine starke Anziehungskraft aus. In Eppendorf sind bedeutende Fabriken. Cakes, Cigarren, Dachpappen werden hier hergestellt.[10]

Eppendorf hat seine Einwohnerzahl seit 1880 mehr als vervierfacht; es gibt jedoch namentlich im Norden noch ausgedehnte Bauterrains, welche mittels eines für zukünftige Verkehrsverhältnisse berechneten Straßennetzes erschlossen werden sollen. Für Eppendorf steht somit noch eine bedeutende Entwicklung bevor.[7]

Ursprünglich bestand das Dorf . . .

. . . nur aus zwei Reihen von Häusern und Gehöften, die unmittelbar an der Landstraße lagen. Am Ausgang jedoch gabelte sich die Straße. Links führte sie am Fluß hinauf ins preußische Gebiet, dessen Grenze, ein paar hundert Meter hinter dem Dorf, durch ein Zollhaus gesperrt war. Rechts führte eine andere Straße zur Kirche und weiter zur Brücke über den Fluß. Dort, wo die Gabelung war, hatte sich eine Häuserinsel und daneben ein dreieckiger Marktplatz gebildet, und auch in der Gegend der Kirche drängten sich die Häuser und Gärten zusammen. Die am meisten in die Augen fallenden Häuser des Dorfes waren Bauernhöfe. Sie bildeten Gebäudegruppen und lagen stattlich und herrenmäßig da. Solange die Dorfbewohner denken konnten, waren die Höfe im Besitz derselben Bauernfamilien gewesen; es hatten sich kleine Dynastien gebildet, die sich, trotz der Vertraulichkeit aller mit allen im Dorf, gesellschaftlich abschlossen. Anders waren die Wohnungen der Handwerker. Es waren Einzelhäuser, zu denen ein Stück Garten und ein Arbeitshof gehörten. Sie waren meist einstöckig und hatten ein Dach aus roten Ziegelpfannen. Einen besonderen Charakter gaben dem Dorf die Sommerwohnungen der Städter. Diese Häuser gehörten wohlhabenden Kaufherren, die in der guten Jahreszeit das Land suchten und sich doch von der Stadt nicht zu weit entfernen wollten. Im Frühling gingen sie aufs Land und blieben dort bis Ende des Sommers. Die Familien hielten sich von den Bewohnern des Dorfes zurück und schlossen sich in ihren großen Gärten ganz ab. Die Häuser waren meistens aus Ziegelsteinen gebaut und grau mit Ölfarbe gestrichen.[11]

Seelemanns Gartenhaus

Von den vielen landschaftlichen Schönheiten des Dorfes Winterhude war die schönste der Blick von den Winterhuder Wiesen über die Alster auf das gegenüberliegende Eppendorf mit Kirche, Pfarrhaus und Küsterei und den Bäumen eines Parks. Unter den vielen Gartenbesitzen war der Lusthof 21 einer der ältesten und schönsten. Eine Photographie zeigt die große, fast modern anmutende Villa mit Walmdach im prachtvollen Garten an dem von hohem Gebüsch eingerahmten Wege. Die Witwe Seelemann bewohnte das Grundstück noch, bis der Staat es abkaufte, der im Jahre 1909 das nördlichste Stück der Heilwigstraße über den ehemaligen Garten legte. Der größte Rest wurde dann zu dem schönen Seelemannschen Park umgestaltet.[9]

Bei der Eppendorfer Kirche. Im Hintergrund Seelemanns Gartenhaus
Seelemanns Gartenhaus

25

Badeplatz auf dem »Reiherstieg«

Die Eppendorfer badeten in der Alster, sie hatten ihren Badeplatz auf dem »Reiherstieg«, wo bald nach 1840 ein bescheidener Badeschuppen errichtet wurde, das Jacob-Bad. Dicht daneben wurde 1869 die Militärbade- und Schwimmanstalt angelegt. Gegenüber, auf der Winterhuder Seite, wurde frei von der Wiese des Besitzers Witt aus gebadet. Als Anfang der neunziger Jahre die Eppendorfer und Winterhuder eine Verbesserung der Badegelegenheit wünschten, wurde an alter Stelle eine neue Badeanstalt gebaut, die später von dem ehemaligen Polizisten Muthon geführt wurde. Die Eröffnung war im Mai 1895. Zu dieser Badeanstalt führte vor der Eppendorfer Wassermühle ein Knickweg. Andererseits ging von der Winterhuder Brücke ein Weg auf der Winterhuder Seite an der Alster entlang. Beim Kohlenhändler Jacob gab es eine schmale hohe Brücke, dann nur noch Wiesen. In einem Boot setzte man zur Badeanstalt über.[10]

Die Eppendorfer Flußbadeanstalt

Badewärter Muthon 1913

Eppendorfer Mühle 1851

Eppendorfer Mühle 1901

Gasthof »Zur Eppendorfer Mühle«

Das ehemalige Akzisehaus

Von der Eppendorfer Mühle

Nachdem Eppendorf 1832 aus dem Besitz des St. Johannisklosters in den Besitz der Stadt übergegangen war, wurde 1838 die damals mit zwei Rädern ausgestattete Mühle, mit der seit längerem eine Gastwirtschaft verbunden war, verkauft. 1858 wurde der Mühlenbetrieb eingestellt. Der Tarpenbek führte weniger Wasser als früher, so daß der Mühlenbetrieb zwangsweise allmählich immer mehr zurückging. Zuletzt lag die Mühle still, weil das Stauwerk völlig schadhaft war. Der Staat kaufte die Mühle auf und verlegte die neue Brücke, die 1865 in Stein gebaut wurde, nach Norden oberhalb des Chausseehauses.

Das alte Mühlengebäude hat danach mancherlei Zwecken gedient. Als am 31. Dezember 1860 in Hamburg die Torsperre fiel, wurde eine neue Zoll- und Akziselinie längs der Landesgrenze festgelegt und Eppendorf einbezogen. Darauf zog in einen Teil des geräumigen Mühlengebäudes das Steueramt des Zollvereins. Dann wurde das Chausseehaus, nachdem 1865 das Chausseegeld abgeschafft worden war, Steuerpostenhaus und die Mühle, da das alte Schulhaus hinter der Kirche zu klein geworden war, für den Schulbetrieb eingerichtet. Als die zweigleisige Straßenbahnlinie nach Groß-Borstel gebaut werden sollte, fiel die Mühle mit der Gastwirtschaft der dafür notwendigen Straßenverbreiterung zum Opfer. Sie wurde zusammen 1901 mit dem Akzisehäuschen abgerissen.[10]

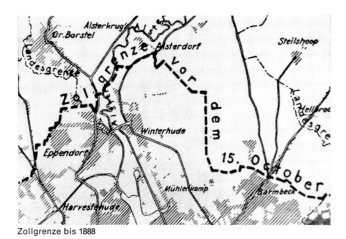

Zollgrenze bis 1888

Borsteler Brücke 1899

Am Mühlenteich

Ein nebliger Novembermorgen. Am Ufer links vorn dichtes hohes Rohr, goldig schimmernd, mit grauen, braunen, gelben Blütenbüschelresten: verdorrte Winden, einzelne geknickte Halme überschneiden die dichte, senkrecht gestreifte Wand. Ein paar einzelne, mit rot-braunen Blättern noch wohlbesetzte geknickte Halme rechts am Ende des Röhrichts spiegeln sich scharf im Wasser. Hie und da im Röhricht ein paar Spinnennetz-reste, in denen Nebeltropfen wie Kristalle blitzen. Wei-ter rechts steht kein Rohr, wir blicken frei auf und über die Wasserfläche — theoretisch wenigstens! — aber grau sind Theorie und Nebel! Am jenseitigen Ufer ebenfalls bräunliches Rohr mit grauen Spitzen, leicht, verschwom-men sich spiegelnd in dem stillen, hellen, fast weißli-chen Wasser . . .[6]

Eppendorfer Mühlenteich 1901

Fährverbindung von Winterhude nach Eppendorf

Eppendorfer Fabrikanlage 1911

Die Fähre zwischen Eppendorf und Winterhude

Die Insassen der Fähre schauen zum Eppendorfer Ufer, wo der Junge die Glocke anschlägt, dem Fährmann Vogt anzuzeigen, daß ein Fahrgast zur anderen Seite möchte. Auf der Winterhuder Seite (die kleine Baracke) befindet sich das Vogtsche Fährhaus, das »Hotel zum Graben«, wie es allgemein in Winterhude und Eppendorf, in Alsterdorf und Borstel und von den Ruderern genannt wurde. Sie machten hier gern halt, um einzukaufen. Damals gab es beim Fährmann Bier und Brause, Zigarren und Zigaretten, Schokolade und Bonbons. Diese für den Personenverkehr eingerichtete Fähre verkehrte täglich (auch sonntags). Eine Fahrt zur anderen Seite kostete 5 Pfennig. Die Winterhuder Mädchen und Arbeiter, die bei Gaedke in der Keks- und Schokoladenfabrik oder bei Langnese an der Alsterkrugchaussee arbeiteten, hatten ein Abonnement. Sie bezahlten 40 Pfennig für die ganze Woche. Da sie früh um 6 Uhr zur Arbeit mußten, hatte der Fährmann einen langen Tag. Er war immer von morgens 5 bis abends spät (feiertags meist bis Mitternacht) auf den Beinen.[10]

Unser kleiner Rundgang durch Winterhude-Eppendorf ist beendet. Von der Winterhuder Brücke, wo uns der Maler Ernst Eitner schon erwartet, werfen wir noch einen Blick auf die altehrwürdige Eppendorfer Kirche. Vor uns liegt die Alster, die hier bis nach Fuhlsbüttel Streek genannt wird. Und wir erinnern uns der Worte aus dem Wanderführer: ... *daß dieses Gewässer, auch wo es einem gewöhnlichen Flusse gleich dahinfließt, also weiter oberhalb bei Eppendorf und Winterhude, höchst reizvolle Ufer hat, ja, man kann sagen, daß diese Ufer immer lieblicher werden, je weiter man den Fluß aufwärts verfolgt.*

Ewer oberhalb des Winterhuder Kais

Eppendorfer Kirche

Wo die roten Kühe grasen,
Wo die bunten Blumen blühn,
Wo die kleinen Vöglein zwitschern,
Zwischen Hecken, zwischen Wiesen,
Zwischen Dorn und grünem Gras.

Gustav Falke

Blick zurück auf die Eppendorfer Kirche

Zwischen Winterhuder Brücke und Alsterkrug

Von der Winterhuder Brücke aus sieht man auf zwei schmale gewundene Wasserarme. Der eine schließt bald ab, der andere ist unser Fluß. Auf der dazwischenliegenden Landzunge, deren Spitze bei der Brücke ist, befinden sich mehrere dunkle einfache Holzschuppen, die für Boote und deren Reparatur bestimmt sind. Da liegen immer Kohlenschuten, Ewer mit grünen und roten Rümpfen und hinüber und herüber fährt eine Jolle, die die Leute zur Badeanstalt bringt. Es grasen Pferde und Kühe auf den Weiden am Wasser. Man sieht hinter den Bäumen die Vorstadt sich verstecken. Fabrikschornsteine ragen darüber hin, rote Dächer zwischendurch.

Der Blick zurück ist sehr anziehend. Es hebt sich der behäbige Turm der Kirche über die Bäume hervor. Rechts und links verstecken sich unschöne Vorstadthäuser, davor ein Durcheinander von Lastschiffen. Wer nun diesen Teil des Alsterlaufes bis Fuhlsbüttel genau kennt, wer bald von der Alsterdorfer Seite, bald von der Alsterkrugchaussee aus über diese so anziehende Alsterniederung mit ihren Wiesen, belebt von weidendem Vieh, mit ihren wirklich oft so hübschen Baumgruppen und der bläulichen Ferne hineingeblickt hat, denkt mit herzlichem Bedauern, daß Hamburg gesonnen ist, diese prachtvolle Lunge der werdenden Vorstädte zu vernichten. Es ist im Laufe der Jahre das Projekt der Alsterregulierung zwischen Eppendorf und Fuhlsbüttel riesengroß vor uns hochgewachsen.[EE]

Rechte Seite: Ausschnitt aus der Karte von 1895

Die Ruderer werden durch die Sandbank beim Alsterkrug aufgehalten, wenn nicht abgeschreckt. Darüber hinaus wagen sich nur Tagestouristen. Die Halbtagsruderer, also Sonntagnachmittags- oder Vormittagssportler, werden in der Kiautschaubucht zurückgehalten, die gegenüber dem Scheibenstand ihre Sirenenklänge hinaussendet, während die einfachen Abendbummler auf dem Wasser nie über Jacobs in Winterhude hinauskommen. Der Scheibenstand und das Eppendorfer Moor begrenzen mit dem Alsterkrug die meisten Sonntagnachmittagswanderungen der Hamburger auf dieser Strecke, denn weiter hinaus sind es Tagestouren. Aber bis zum Alsterkrug bietet die Alster den Ausflüglern viel Schönes.[12]

Von der Borsteler Rennbahn . . .

Im Jahre 1891 legte der Ingenieur Jürgens für den Hamburger Sportclub nordöstlich vom Borsteler Jäger eine Rennbahn an. Südlich von der Rennbahn wurde ein großer Wagenplatz eingerichtet. Zugleich erfolgte die Herstellung der im schwachen Bogen vom Alsterkrug zur Rennbahn führenden Zufahrtstraße. Die Tribünen-, Stall- und Betriebsbaulichkeiten sind in leichter Bauart nach Entwurf der Architekten Puttfarcken und Janda hergestellt.[7]

Der »Alsterkrug« an der Chaussee nach Langenhorn
Der »Alsterkrug« und die Brücke nach Alsterdorf

Welches größere Hamburger Kind wäre wohl noch nicht im Borsteler Jäger gewesen, hätte noch nicht in dem schönen Gehölz gespielt und in dem Waldgarten Milch getrunken? Bei Groß-Borstel liegt die Rennbahn, auf welcher alljährlich große Pferderennen abgehalten werden. Das Pferderennen ist ein Vergnügen für alt und jung, für vornehm und gering. Viele tausend Hamburger wohnen dem aufregenden Schauspiel bei. Wohlhabende Fremde kommen von weither. Auch unser Kaiser ist wiederholt Gast auf der Rennbahn gewesen. Wie jagen am Renntage die Autos, die Equipagen und Droschken durch Eppendorf und Winterhude, wie viele überfüllte Straßenbahnzüge hasten herbei, und was für Scharen von Fußgängern eilen nach Groß-Borstel hinaus.[13]

Rennen in Groß-Borstel

. . . zum Flugplatz Fuhlsbüttel

Der Landungsplatz bei der Luftschiffhalle ist zugleich der Flugplatz, der für die Flieger zur Unterkunft und zum Aufstieg abgegrenzt ist. Wie die Renntage, so sind auch die Flugtage rechte Festtage für ganz Hamburg. Der Zuschauerraum auf dem umzäunten Platz ist dicht besetzt. Aber auch die Straßen und Wege der Borsteler wie der Fuhlsbütteler Feldmark werden von Tausenden von Hamburgern aufgesucht, die die Leistungen der Flugmaschinen bewundern.[13]

Flugtag in Fuhlsbüttel

Hofstelle von Ellerbrock in Alsterdorf

Alsterdorf — Stiefkind der Obrigkeit

Die schattige Lindenallee, die am Lohkoppelweg zur Alsterkrugchaussee führt, läßt uns an die Alster gelangen. Die Brücke wird beschattet von großen Linden und Pappeln. Zu beiden Seiten der Straße liegen die hellen Wiesen. Am Flußlauf stehen Erlen und Pappeln, und über der Brücke lugen die Fenster der Wirtschaft an der Chaussee hervor. Der zarte bläuliche Dunst im Hintergrund — wo man Eppendorf weiß — bildet einen hübschen Gegensatz zu dem hier stark gewundenen Alsterlauf mit seinen kräftig grünenden und blühenden Ufern. Durch mancherlei Baumgruppen wird der Mittelgrund belebt. Ähnlich ist es am Alsterdorfer Damm, wo sich der Fluß zur Straße hinwindet und sich uns ein besonders hübsches Landschaftsbild darbietet.[EE]

Alsterdorf ist stets etwas Stiefkind geblieben. Neben der unbegrenzten Freiheit, den Müll überall hinzuschütten, hat Alsterdorf erst spät Gasleitung und noch keinen Wasseranschluß erhalten und ist bis vor kurzem das Dorado für die Zigeuner geblieben. Von Winterhude rücken die Bleichereien vor, und von Barmbek droht die Gefahr der Industrialisierung, denn der östliche Teil der Ortschaft ist für Fabriken freigegeben.[12]

1903 beging der Ort aus Anlaß seiner hundertjährigen Zugehörigkeit zu Hamburg die schöne Centenarfeier, die einem Jahrmarkt gleichkam.

Brücke bei Alsterdorf

Hamburgisch seit 1803

Am linken Ufer der Oberalster, so berichtet Armin Clasen im »Winterhuder Bürger«, fanden sich seit alten Zeiten etliche Dörfer, die alle sehr klein waren und nur drei oder vier Bauernhöfe hatten: Wellingsbüttel, das später ein Gut wurde, Klein-Borstel, Ohlsdorf und Alsterdorf. Letzteres hatte seit ältesten Zeiten nur vier Vollhöfe. Es war ein holsteinisches Dorf. 1803 wurde durch Verhandlung mit Dänemark Alsterdorf an das Kloster St. Johannis in Hamburg abgetreten, das dafür sein Dorf Bilsen bei Quickborn hergab. 1831 kam es unter die Obhut der Stadt und wurde der Landherrenschaft der Geestlande unterstellt.

So klein Alsterdorf auch war, so groß war das Ansehen der vier Hufner über die Grenzen des Kirchspiels hinaus. Der Hof 1, lange Zeit Sitz des Bauernvogts gewesen, war Stammsitz der Ellerbrocks, der bedeutendsten Bauernfamilie im Kirchspiel Eppendorf. Heute steht nur noch einer der früheren Vollhöfe, der Hinschen-Hof, in voller Pracht am Alsterdorfer Damm, bewohnt und behütet von einem Nachfahren der Hinschen, die hier 1866 in den Wells-Hof einheirateten.

Die Wandlung zu städtischem Charakter vollzog sich in Alsterdorf nur ganz langsam. 1913 begann man mit der Kanalisierung der Alster von Winterhude bis Fuhlsbüttel und zerstörte damals den schönsten Teil Alsterdorfs, den alten gewundenen Lauf der Alster durch das weite Wiesental.[9]

Programm

der in Alsterdorf am 20., 21. und 22. Juni cr. stattfindenden

Centenarfeier

veranstaltet vom Alsterdorfer Bürgerverein anläßlich der 100 jährigen Zugehörigkeit Alsterdorf zum Hamburgischen Staate.

Festplatz: Heubergredder.

Eintritt frei!   Eintritt frei!

Sonnabend, den 20. Juni 1903. (1. Tag.)

7 Uhr Abends: Festmahl in der großen Festhalle. Tafelmusik.
9   „   „   Zapfenstreich.
10   „   „   Festkommers.

Sonntag, den 21. Juni 1903. (2. Tag.)

7 Uhr Morgens: Reveille unter Begleitung einer berittenen Eskorte über Winterhude, Eppendorf, Fuhlsbüttel und Ohlsdorf.
1½ Nachmittags: Empfang der Deputationen aus den Vereinen. Empfangsort: Alsterdorf-Winterhuder Grenze.
2 „ Abmarsch des großen historischen Festzuges, woran sich die Deputationen der Vereine anschließen.

Der Festzug bewegt sich durch folgende Straßen:
Alsterdorferstraße, Winterhuder Grenze, Ohlsdorferstraße bis Fuhlsbüttel und zurück über Lohkoppelweg, Alsterdorferdamm bis Ecke Ohlsdorferstraße. Hier Aufstellung zur Pflanzung einer Erinnerungseiche, Gesang der Vereine, Ansprache des Geistlichen, Choral. Weitermarsch des Zuges zum Festplatze.
Nach Beendigung des Festzuges: Allgemeiner Kommers der Deputationen und des Alsterdorfer Bürgervereins, Konzert, Tombola, Volksbelustigung, Tanz, Feuerwerk etc.

Montag, den 22. Juni 1903. (3. Tag.)

3 Uhr Nachmittags: Großer decorierter Festzug der Kinder.
5 „ „ Promenaden-Konzert und Kinderbelustigung, Reigentanzen, Wettlaufen etc.
Abends: Illumination und Ballmusik.

Auf dem Festplatze befinden sich Weinhütten, Schankzelte Tanzzelte, Schießbuden, Kegelbahnen, Kinematographen, Phonographen, Photographen, Schaubuden, Kasperltheater, Schaukeln, Carufsels, Kuchenbäcker, Eisfabriken, Wurstläden etc. etc. etc.
Der Festplatz ist durch gütige Mitwirkung des Herrn Strahlendorff mit Kerosticht erleuchtet.

Der Festausschuss.

Ländliches Alsterdorf am Alsterdorfer Damm

Das Altenteiler-Haus des Hinschen-Hofes 1911

Im Garten des Hinschen-Hofes 1910

Linke Seite: Der Hinschen-Hof 1911

Nach Südwesten begleitet der Höhenzug die Alster bis an den Eppendorfer Mühlenteich und reicht westlich bis an den Tarpenbek. Er trägt die Dörfer Fuhlsbüttel und Groß-Borstel und ist da, wo der Borsteler Jäger sein Laubdach breitet, immer noch 17 m über dem Spiegel der Nordsee. Das Eppendorfer, das Fuhlsbütteler und Borsteler Moor liegen an seinem Rande.[W]

Der Alsterlauf zwischen Alsterdorf und Ohlsdorf

Die Alster bei Alsterdorf

Auf der Wiese des Hinschen-Hofes 1910   Kahnpartie bei Alsterdorf 1910

Hier beginnen die Staatsländereien . . .

. . . der Korrektionsanstalt und des Gefängnisses. Schon oft ist bedauert worden, daß diese leider notwendigen Baulichkeiten gerade an die Alster gelegt wurden. Den Weg über die Alster bildete früher eine nette einfache Holzbrücke, die so hoch gelegt war, daß die damalige Schiffahrt auf der Alster ungehindert betrieben werden konnte. Sie fügte sich in ihrer Konstruktion ganz besonders gut dem ländlichen Bilde ein.[EE]

Das »Nicolai-Stift« — Keimzelle der Alsterdorfer Anstalten — Wasser- und Straßenseite (links und links unten)
Scheune am Weg zur »Alstertal-Brücke« (unten)
Rechte Seite: Die »Alstertal-Brücke« zwischen Ohlsdorf und Fuhlsbüttel

Der Ruderer ist hier in das Anstaltsgebiet eingefahren, links die Korrektionsanstalt und das Gefängnis, rechts die Alsterdorfer Anstalten und die Erziehungsanstalt, kurz Strafschule genannt, und den Spuren dieser vier Gehäuse begegnet er bei jedem Schlag weiter. Denn alle vier erhalten sich selbst. Neben der Ökonomie der Alsterdorfer Anstalten besteht eine gute Bewirtschaftung des Ackerlandes in der Strafschule und eine vorzüglich geleitete Bewirtschaftung des Gefängnisses. Links sind die Rieselwiesen, etwas zurückliegend ein höherer Geestrücken, einst eine ergiebige Fundstätte für Urnen, die von hier leider weit zerstreut worden sind. Aber was derzeit nicht aus dem Boden herausgeholt worden ist, das haben jetzt die Föhrenanpflanzungen sicher zerstört. Alle Kulturen, Meliorationen, Bauten, Brücken, zum Teil die Anstaltsgebäude selbst, sind durch die Insassen hervorgerufen. Dem Ruderer sind die Rieselwiesen vielleicht wenig angenehm, aber er landet nach ein paar Krümmungen vor der Schleuse in Fuhlsbüttel, die fürs erste den Abschluß der Gradierung bilden soll. Kurz vorher liegt in einem Arme die Badeanstalt Ohlsdorf, wohl die schönste weit und breit.[12]

Ausschnitt aus der Karte von 1895

Rechte Seite: Blick auf das Fuhlsbütteler Zentralgefängnis Ende des vorigen Jahrhunderts

Am Ufer stehen große Eschen und Pappeln. Auch schöne ältere Eichen umgeben das Gasthaus von Schulz. Flußabwärts zeigen sich abwechslungsreiche Baumgruppen, die sich in die farbigen Wiesen schieben. Zwischendurch sieht man helle Häuser. Der Fluß hat hier wieder einige Biegungen. Von der Alsterdorfer Seite hat man leider immer den Blick auf die Gefängnisgebäude, doch drüben vom Maienweg aus sehen wir, wie von hier bis zur Badeanstalt sich reiche Baumgruppen am Fluß hinziehen, und so fügt sich dieses letzte Stück des Alstertales — bevor wir Fuhlsbüttel erreichen — gut dem Vorhergesehenen an.EE

Blick über die Alster auf das neue Gefängnis am Hasenberg
Umzug in das neue Gefängnis

Ohlsdorfer Vollhufner-Haus in der Alsterdorfer Straße

Ohlsdorf

Es sind wenige Überlieferungen aus dem alten Ohlsdorf geblieben, schreibt Armin Clasen in »Fuhlsbüttel und
Ohlsdorf«. Der Fuhlsbütteler Lehrer Krage hat 1901 ein
paar Erinnerungen aus seiner Jugendzeit aufgeschrie-
ben. Von Alsterdorf bis zu den Ohlsdorfer Höfen war der
Weg so sandig, daß man seitwärts auf einem Wall ging.
Auf Möllers Hof hatte das Wohnhaus ein rotes Ziegeldach,
während die Scheunen zur Rechten und Linken mit Stroh
gedeckt waren. Das Wohnhaus war nun inzwischen zum
Wirtshaus »Zum Alstertal« ausgestaltet worden. Auf dem
zweiten Hof, bei Claus Behrmann, hatte ein großes Stroh-
dachhaus gestanden. Der dritte Hof (Andreas Behrmann)
hatte an der Straße ein großes Landhaus, war aber 1901
nicht mehr da.

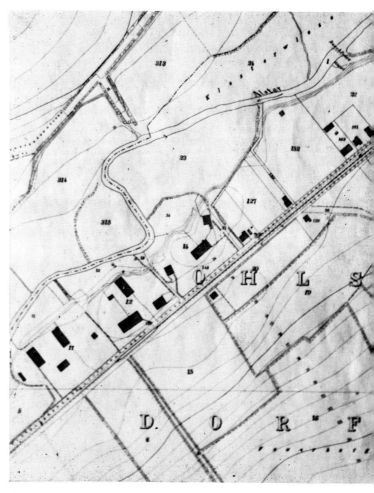

Die Ohlsdorfer Höfe in der Alsterdorfer Straße

Krage erinnerte sich auch der einstigen Strohdachhäuser beim Iland, auch der Wasserlöcher in der Straße davor, auf denen die Kinder im Winter Schlittschuh liefen. Bei Schwens Bauernhaus gab es einen Soot. Im »Grünen Grunde« ging 1901 immer noch der Grobschmied seinem Gewerbe nach.[14]
Die Schaffung des Friedhofes und der Ankauf vielen weiteren Geländes hatte jedoch jede weitere Entwicklung Ohlsdorf gehemmt.

Hart an dem Dorfe liegt die Stadt der Toten…

… der Hamburger Zentralfriedhof. Das ganze Aussehen Ohlsdorfs weist auf die Nähe des Friedhofs hin. An den beiden Hauptstraßen sind zahllose Grabsteine und Gedenktafeln in den Steinmetzgeschäften aufgestellt. Große und kleinere Gärtnereien haben Blumenläden in Ohlsdorf eingerichtet. Eine Reihe von Restaurationen und Kaffeehäusern halten Erfrischungen bereit.[13]

Das provisorische Verwaltungsgebäude des Ohlsdorfer Friedhofes, abgebrochen 1910

Gastwirt Adolf Krohn mit Familie
Endstation der Straßenbahn in Ohlsdorf mit der Linie 6

Restaurant Fribolin in der Fuhlsbütteler Straße

Wagenfahrten

Bei günstiger Witterung sind bei den Friedhofsein-
gängen Wagen zu Rundfahrten auf dem Friedhof zu
haben. Bei der Endstation der Straßenbahn halten meistens Fuhrwerke für Fahrten nach Wellingsbüttel, Poppenbüttel und anderen Punkten der Umgegend. Die Fahr-
gelegenheit ist nicht teuer, doch einige man sich stets
vor Antritt der Fahrt genau über Ziel und Preis. Zum
Flugplatz ist bei allen besonderen Anlässen Fahrgelegen-
heit in Ohlsdorf zu haben, ebenso zur Rennbahn in Groß-
Borstel.[4]

Wer von Ohlsdorf aus weiterwollte, etwa nach Langenhorn—Garstedt oder nach Wellingsbüttel—Poppenbüttel, ging zu Fuß oder benutzte den hier an der End-
haltestelle der Straßenbahn wartenden Pferdeomnibus.

49

Blick von der Ratsmühlenbrücke nach Süden

Links der Krohnsche Hof, rechts das Schleusenmeisterhaus

Die Ratsmühle, von Süden gesehen

Fuhlsbüttel — das Tor zur Oberalster

In Fuhlsbüttel hat das Rudern ein Ende. Der Ruderer trinkt bei dem Schleusenwärter einen Kümmel, der hier, einem unverbürgten Gerüchte nach, besonders gut sein soll, und muß sich, will er weiter hinauf, der Verordnung über die Schiffahrt durch die Alsterschleusen oberhalb Fuhlsbüttels unterwerfen.[12]

Fuhlsbüttel

Topographisches: 2873 Einwohner, hart am westlichen Alsterufer gelegen. Schleuse und Brücke, daneben am sogenannten »Ratsmühlendamm« eine städtische Wassermühle; auf städtischem Grund und Boden an der Alster liegt das 1878 bezogene Zentralgefängnis Hamburg mit z. Zt. 1384 Gefangenen; südlich davon liegen die Gebäude der Korrektionsanstalt. Der Ort nahm in den letzten Jahrzehnten immer mehr zu und verliert seinen ländlichen Charakter mehr und mehr. 1890 wurde die Lukas-Kirche erbaut, wozu Langenhorn und Hummelsbüttel (letzteres gastweise) eingepfarrt sind. Die Gemeindeschule ist siebenklassig; Postamt, Apotheke. Ausbaue sind: Alsterkrug, Alsterberg, Alsterkamp.

Verbindungen: Ausgebaute Wege nach Eppendorf, Langenhorn, Hummelsbüttel, Klein-Borstel und Ohlsdorf, Sandweg nach Poppenbüttel, Fußsteig über die Alster bei den Alsterdorfer-Anstalten.

Gasthöfe: Bargmann, W. Hinze, Alsterpark von H. Casten, A. Krogmann, Schade, Wagner, Kien, Wells.[W]

Bekanntmachung von 1913

Die malerische Klappbrücke, vom Mühlenteich . . .

Schleusenmeister, Schmied und Gastwirt Heinrich Bargmann mit Frau

und von Ohlsdorf aus gesehen, 1897 abgerissen

Am Rande des Dorfplatzes

Von den zum 1. Januar 1913 eingemeindeten geest-
ländischen Landgemeinden hatte Fuhlsbüttel sich am
kräftigsten entwickelt. Namentlich nach Eröffnung der
Vorortbahn nahm der Anbau dort sehr zu; durch Terrain-
gesellschaften wurden im nördlichen Teil des späteren
Vororts größere Ansiedlungen von Einzelhäusern hervorgerufen, die unter anderem zur Folge hatten, daß Fuhlsbüttel 1907 eine eigene Apotheke erhielt.[8]

Die »Alster-Apotheke« Ecke Maienweg

Vollhof Krohn am Maienweg, später stand hier das Kaufhaus Deppe

Krämer Lenffer Ecke Erdkampsweg und Brombeerweg
(heute »Landhaus Fuhlsbüttel«)

52

Colonial-, Eisenwaren, Hausstandssachen W. Behnke am Brombeerweg um 1913

Als Ernst Eitner nach Fuhlsbüttel kam

Als ich Anfang der neunziger Jahre mit einigen Kollegen nach Fuhlsbüttel kam, um Studien zu machen, wohnten wir in der alten Post bei Hinze. Die ländliche Stille des Ortes war unserem Beginnen günstig. Fuhlsbüttel war noch nicht vom Publikum entdeckt. Die Hamburger fuhren wohl oft an die Elbe, auch mal nach Poppenbüttel zum Markt, aber Fuhlsbüttel lag einsam abseits. Selten kamen Ausflügler durch den Ort, im Sommer wohl mal ein sogenannter »Schinkenklub« im bekränzten Stuhlwagen mit Handharmonikagedudel.[15]

Dörfliches Fuhlsbüttel am Brombeerweg

Hier gehen die Frauen noch mit der Küchenschürze

In der Hummelsbütteler Landstraße 1905

Ursprünglich gab es in Fuhlsbüttel nur Vollhufner, deren Höfe an der Alster lagen. In der ersten Hälfte des 18. Jahrhunderts kamen die auf Haus und Garten beschränkten Brinksitzer hinzu. Und um 1880 drängten die ersten städtischen Häuser in das ländliche Gefüge.

Der Ausflug der meisten Alsterbesucher ...

... beginnt bei Fuhlsbüttel. Auf der Brücke stehend, genießen wir das Bild flußauf- und flußabwärts. Dort der Mühlenteich mit hohen Bäumen, hier bei niedrigem Wasserstand kleine Sandbänke in der Alster, Baum und Gebüsch im Hintergrund. Die Schleusenanlage läßt manchen Spaziergänger stillstehen, wenn Ruderboote hindurchwollen. Das dauert natürlich immer etwas lange, und die Zuschauer stehen gemütlich dabei. Die an der Brücke liegende Kornmühle, auch Ratsmühle genannt, weil sie dem Hamburger Staat gehört, ist ein einfacher Fachwerkbau. Brücke und Balken der Mühle würden gut wirken, wenn nicht alles in bräunlichen Farbtönen gestrichen wäre.

Wir gehen über die Brücke und blicken zurück. Wie freundlich liegt rechts vor der Mühle das alte zweistöckige Haus — die Wirtschaft von Bargmann — da. Mehrere schöne Linden stehen davor. Es hat eine Holzveranda, die Seiten des Hauses sind mit Holz verschalt, was so gemütlich wirkt. Die gutverteilten, kleinscheibigen Fenster zeigen weißgestrichene Rahmen. Diese Nachbarschaft gibt auch dem Mühlenbau etwas Anheimelndes. Da stehen Wagen mit kräftigen Pferden, aus den Luken werden Säcke mit Mehl heruntergewunden, und die weißen Müllergesellen rufen von oben nach unten.[EE]

Blick über den Fuhlsbütteler Mühlenteich

Linke Seite: Die Ratsmühle mit Schleuse vom Mühlenteich gesehen
Gastwirtschaft Bargmann im alten Schleusenmeisterhaus

Eingang zu Garten und Kegelbahn der Gastwirtschaft von H. Bargmann

Ratsmühle mit Gastwirtschaft von H. Bargmann 1893

Am Mühlenteich . . .

. . . entlang zieht sich der Bargmannsche Garten mit dem Blick nach Struckholt hinüber. Boote liegen am Ufer unter großen Linden. Gegenüber stehen Kopfweiden am Wasser, dahinter liegen in den Gärten noch einige Strohdächer, geschützt unter Bäumen, deren Stämme mit Efeu übersponnen sind. Wie das lauschig ist, sich versteckt oder hervorlugt![EE]

Blick auf Struckholt

Am Teich liegt auch noch der Alsterpark. Dieser und seine neue Insel, mit ihm durch eine kleine Brücke verbunden, schließen sozusagen den Mühlenteich alsteraufwärts ein. Wo man nun auch steht, ob von der Struckholter Seite links zur Schleusenbrücke und weiter auf die Bäume der Gärten und des Parks hinüberblickend, die sich so hübsch im Wasser spiegeln, oder ob man wie schon zu Anfang bei der Mühle auf der Brücke oder vom Alsterpark aus seine Blicke schweifen läßt, überall sind Schönheiten. Man denke nur, kaum 10 Minuten vom Endpunkt der Bahn![EE]

Ratsmühlendamm mit Ratsmühle und Schleusenmeisterhaus
Blick auf die Struckholter Pappeln

Der »Alsterpark« von J. H. Casten

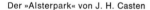

Ratsmühle, Schleuse und Mühlenteich im Winter

Unten: Mühlenteich mit »Alsterpark« und Brombeerweg im Hintergrund

Besteigt man ein Boot, ...

... so ergeben sich, indem man immer auf dem Mühlenteich bleibt, wieder neue Überraschungen. Oder haben wir noch nie den Unterschied bemerkt, ob eine Landschaft aus der Augenhöhe des Spaziergängers oder vom tiefen Sitz im Ruderboot aus gesehen wird? Wie gern weilt man unter den Linden, die hart am Ufer in Bargmanns Garten stehen, ehe man sich ins Boot setzt. Und haben uns einige Ruderschläge hinausgebracht, so liegt die Ratsmühlenbrücke ja ganz hoch, die Kopfweiden und die Strohdächer von Struckholt scheinen zu winken und spiegeln sich so sanft im Wasser. Am Rande blüht allerlei, je nach der Jahreszeit. Direkt romantisch ist es aber, unter den großen schönen Bäumen des Alsterparks hinzurudern, die sich weit über die Wasserfläche neigen und ihre Zweige herunterhängen lassen. Da sind dann so saftige farbige Schatten, das Wasser gluckst leise an den Wurzeln, und am Alltag ist es hier so still. Wir schließen die Augen und fühlen uns weit fort von der Großstadt. Früher war die vom Besitzer des Alsterparks hergerichtete Insel gegenüber einer der vielen Wiesen, die vom Herbst bis zum Frühling oft ganz überschwemmt sind. Hier konnte man im Winter schon Schlittschuh laufen, wenn die Alster noch nicht hielt.EE

Fuhlsbüttel   Partie an der Alster

Winterfreuden an der Alster bei Fuhlsbüttel

Mühlenteich mit Struckholt

An der Trift

Wir gehen nun dem fließenden Alsterwasser weiter entgegen, das Ruderboot ist verlassen. Am rechten Ufer, an der Trift, waschen wohl im Sommer die Knechte der Landleute ihre Wagen oder lassen ausgetrocknete einen Tag im Wasser stehen. Auch kommen wohl noch Pferde dort zur Schwemme.[EE]

Auf dem Fuhlsbütteler Mühlenteich (links)

Die Trift mit dem Spritzenhaus (links unten)

Rechte Seite: Spritzenberg mit Trift und Hummelsbütteler Landstraße

Ecke Hummelsbütteler Landstraße und Spritzenberg (unten)

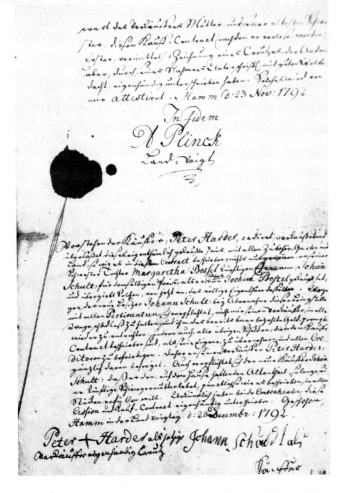

Hübsch liegen die ländlichen Häuser über der Trift, jetzt Brombeerweg genannt, und wenn man in so ein altes Haus eintritt, um vom Fenster aus über den gewundenen Lauf der Alster hinzublicken, so wird ein solches Bild noch lange in der Erinnerung bleiben. Rechts haben wir ein kleines Kieferngehölz mit sandigem Absturz zu den Alsterwiesen. Hier blüht viel Ginster, der leider nie lange steht, denn jeder nimmt sich davon. Der Fluß aber zieht weiter, drüben an der Klein-Borsteler Seite entlang und wendet sich dann wieder ziemlich scharf unserer Seite zu. Auch hier besäumen Erlen und Weiden die Alsterwiesen, während man links über den Spitzen der Kiefern und dem schrägen Abrutsch die neuen Häuser der Kolonie am Brombeerweg sieht. Wie anmutig fügen sie sich in das Alsterbild ein. Lustige rote Dächer, auch einmal dunkle Ziegel, grüne Läden und Balkone, weiße Fensterrahmen und um die Gärten Holzgeländer. Wir wollen doch einmal den Abhang hinaufklettern zu den Kiefern, diesen Häusern gegenüber. Von hier oben hat man einen Blick über den gewundenen Fluß.[EE]

Kaufvertrag von 1792 mit eigenhändig gezogenem Kreuz als Unterschrift des Verkäufers (Brinksitzer in der Hummelsbütteler Landstraße)

Lade aus einem der ehemaligen Brinksitze in der Hummelsbütteler Landstraße

FUHLSBÜTTEL, PARTIE AM BROMBEERWEG

Sandkuhle bei der Trift

Weiden an der Alster nahe Brombeerweg

Die ersten Villen am Brombeerweg, etwa 1907

Über den bläulichen Bäumen des Hintergrundes

Rechts und links bis weit in den Mittelgrund sieht man flache Wiesen, drüben grasen Kühe, oben am Rande werden Häuser sichtbar. Einzelne Erlengruppen stehen in den Wiesen, hinter denen die Alster zu verschwinden scheint. Über den bläulichen Bäumen des Hintergrundes taucht als zarte Krone die Windmühle von Wellingsbüttel auf. Ganz links besahen wir soeben die schon genannten neuen Villen, weiterhin erstehen die freundlichen kleinen Häuser des Bauvereins. Der Weg ist jetzt noch ursprünglich mit Pappeln und Eichen bewachsen, er verliert sich ins Preußische. Wir kommen nach Hummelsbüttel.[EE]

Überschwemmte Alsterwiesen zwischen Fuhlsbüttel und Hummelsbüttel

Die Oberalster – Paradies der Ruderer und Paddler

Die Alster bei Klein-Borstel

In die Stille des Alstertals bricht 1914 die Neuzeit mit ihrer Technik ein

Die Hochbahnbrücke zwischen Klein-Borstel und Fuhlsbüttel im Bau

Klein-Borstel — ein Dorf an der Grenze

Die Landstraße nach Wellingsbüttel war früher ein kaum passierbarer Sandweg, welcher sich auf seinem mittleren Teil mit einer Biegung nach Norden zur Alster senkte und nach Wellingsbüttel wieder anstieg. 1884 wurde der Weg zufolge Vereinbarung mit den Anliegern ganz neu auf die Höhe verlegt, so daß derselbe jetzt in ziemlich gerader Richtung von Klein-Borstel nach Wellingsbüttel führt. In der neuen Landstraße legte der Staat zunächst nur einen Fußweg nebst Baumpflanzungen an, die Pflasterung daselbst erfolgte erst in den Jahren 1890—94, als die Wellingsbütteler Gemeinde die Befestigung des anschließenden Weges ausführte.[7]

Wilhelm Cordes, der aus Wilhelmsburg kam, wo es weder Wald noch Hügel gab, wurde Schöpfer des ersten europäischen Waldfriedhofes. Wie konnte dieser naturbesessene Fanatiker anders als von einer Erweiterung des Totengartens über die Klein-Borsteler Felder bis an die Wellingsbütteler Landstraße träumen, wo alsdann schönste Teile des lieblichen Alstertales seinen Friedhof begleitet hätten. Doch wie gut, daß Cordes' Pläne nur zu geringem Teile Wirklichkeit wurden: So blieb die Masse des Geländes den Toten versagt und gab den Lebenden Raum zur Gestaltung eines der schönsten Stadtteile Hamburgs, zu einer Hochburg der Einzelhäuser.[14]

aus dem Kleinborsteler „Bier-Quell." Inh. Georg Dinse.
Wellingsbütteler Landstrasse 43.

1902 erhält der Gastwirt Dinse die volle Konzession zum Ausschank berauschender Getränke

Unbebautes Alsterufer an der Wellingsbütteler Landstraße

Illies' Park

Dann geht's vorbei am Landhaus Illies, das mit seinem grünen Dache aus den Bäumen hervorlugt. Die »Vereinigung Kunstpflege« hat dieses schmucke Landhaus erworben, damit sich ihre Mitglieder zu jeder Zeit in dem herrlichen, von dem Künstler Illies angelegten Naturpark von dem Lärm und Staub der Großstadt erholen können.[W]

Illies' Park

Die Höfe der Klein-Borsteler Vollhufner Bockholt und Wagner

Reger Bootsverkehr bei Klein-Borstel

Von Wasserwanderern und Sonntagnachmittagswassersportlern

Klein noch ist die Schar der zünftigen Wanderfahrer, die schon früh im Jahr in ihren Booten alsteraufwärts ziehen. Die Freude leuchtet ihnen aus den Augen, die herrliche Natur, das erste Aufjauchzen der Vögel, die unvergleichlich, noch so schöne Landschaft zu genießen.

Außer ihnen bevölkert eine große Zahl von Sonntagnachmittagswassersportlern in Ruderbooten, Kanus, Punts und Kajaks die Alster oberhalb der Fuhlsbütteler Schleuse.

Sonntagsruderer
Ein Kanu-Club?

Alsterlandschaft

Fahrweg von Klein-Borstel nach Wellingsbüttel um 1871. Im Hintergrund
die Wellingsbütteler Windmühle

Um die Mitte des vorigen Jahrhunderts . . .

. . . wurde damit begonnen, die sich beiderseits der nach Wellingsbüttel führenden Landstraße erstreckenden Heideflächen zu kultivieren. 1875 hatte der in Billwerder geborene Bildhauer Theodor Koops an der Grenze nach Wellingsbüttel eine Anbauerstelle erworben, die er zu einem bekannten Ausflugslokal machte. Etwa 1903 ging das Anwesen auf Stuhlmann, später auf Stilcke über.

Koops Fährhaus

Es folgt dann Koops Fährhaus, das mit seinen vielen Belustigungen für Kinder dem Familienpublikum angenehmen Aufenthalt bietet. Eine Fähre stellt hier die Verbindung mit Hummelsbüttel her.[W]

Die Wirtsfamilie Koops

Der Wirtshausgarten mit Turn- und Spielgeräten

Fähre zwischen Klein-Borsteler und Hummelsbütteler Ufer

Klein Borstel
Klein Borsteler Fährhaus
Inhaber: Otto Stuhlmann Nachf. Telephon Amt 5, No. 1834

Klein-Borsteler Fährhaus
Louis Stilcke
Fernsprecher Gr. 5, 1834   Fernsprecher Gr. 5, 1834
Klein-Borstel, Wellingsbüttelerlandstrasse Nr. 283
Großes Garten-Etablissement mit ca. 3000 Sitzplätzen mit angrenzender Festwiese (ca. 45000 Quadratmeter groß)
Terrassenförmig an der Alster belegen mit herrlicher Fernsicht
2 Doppelkegelbahnen (Meyers Patent) ⊞ 2 Säle ⊞ Fähre und Vermietung von Ruderböten.

Panorama über Etablissement Kl. Borsteler Fährhaus
Louis Stilcke, O. Stuhlmann Nachflg.
Tel.: Gr. 5 1834

Teichpartie mit Alsterschänke Kl.-Borsteler Fährhaus
Louis Stilcke, O. Stuhlmann Nachflg.
Tel.: Gr. 5 1834

75

Mit der Fähre nach Hummelsbüttel

Wir lassen uns von der Fähre auf das Hummelsbütteler Ufer übersetzen. Der Fahrpreis beträgt 5 Pfg. Auf der Landstraße von Poppenbüttel nach Fuhlsbüttel gehen wir ein Stück in Richtung Fuhlsbüttel bis zum Hummelsbütteler Karpfenteich, an dessen jenseitigem Ufer der Kunstmaler Ernst Eitner sich 1901 Heim und Atelier schuf. *Hier, angesichts der weiten Talwiesen, durch welche die Alster ihren verträumten Lauf nimmt,* fand der Künstler überall Motive. Das strömende Alsterwasser zog ihn immer wieder in seine Gewalt. *Auf den Wiesen lag ein herrlicher, warmer Sonnenglanz; von dem Wasser mit seinen leichten Wellen schien erfrischende Kühlung aufzusteigen, und der Rand der Gehölzparzellen, von sommerlichem Duft verschleiert, stand in der schweigenden Stille des Mittages,* so beschrieb Gustav Schiefler 1897 eine Radierung von Ernst Eitner, die einen Winkel des Alstertals bei Poppenbüttel zum Gegenstand hatte. Aber auch das Dorf Hummelsbüttel hat der Maler in vielen seiner Bilder dargestellt: die alten strohgedeckten Häuser, die Menschen bei der Arbeit und an Festtagen, die einsamen Knickwege und angrenzenden Felder. Die Skizzenbücher in dem Nachlaß des Künstlers legen ein beredtes Zeugnis von seinem Fleiß ab.

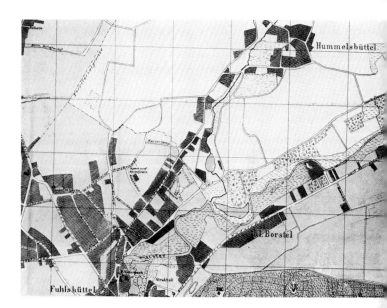

Zwischen Fuhlsbüttel und Hummelsbüttel (nach einer Karte von 1912)

Der Hummelsbütteler Karpfenteich 1905

Linke Seite: Klein-Borsteler Fährstelle im Winter. Im Hintergrund die Wellingsbütteler Mühle

Der Weg am Karpfenteich

Von der Landstraße Fuhlsbüttel–Poppenbüttel abzweigend, führt ein
sandiger, mit Birken bestandener Weg östlich des 1916 abgelassenen
Karpfenteiches auf das Dorf Hummelsbüttel zu

Wenn im Februar schon am Johannis-
beerstrauch die hellen Knospen drängen,
streife ich sie gern im Vorüber
mit den Händen, um von ihrem Dufte
einen ersten Frühlingsgruß zu haben.
Eine ganze Weile geht er mit mir.
Ja, mein Knick den Weg entlang nach Hause!
Immer wieder bin ich seiner fröhlich.

Hermann Claudius

Der Dorfkern Hummelsbüttels mit seinen Höfen 1880

Susebekbrücke am Poppenbütteler Weg

Knickweg Langenjären

Hummelsbüttel

Topographisches: *Dieser nahe am westlichen Alsterufer gelegene Ort hat sich trotz der Nähe Hamburgs den bäuerlichen Charakter bewahrt. Die Volkszahl beträgt 594. Drei in neuerer Zeit angelegte Ziegeleien produzieren jährlich mehrere Millionen Steine. Das Dorf gehört zum Amtsbezirk Poppenbüttel und seit 1894 zur Lukaskirche in Fuhlsbüttel. Ausbaue sind der Dorfteil Gnadenberg an der Hamburger Grenze, Müssen, Rehagen und Heidberg.*

Verbindungen: *Chaussee nach Fuhlsbüttel, Straße nach Poppenbüttel, Landwege nach Glashütte und Langenhorn.*

Gasthöfe: *A. Wells und H. Berott.*[W]

Kate des Butterbauern Adolph Schmidt am Poppenbütteler Weg

Der Timmsche Hof an der Hummelsbütteler Dorfstraße

Vom schauenburgischen zum preußischen Dorf

Zur Zeit der ersten urkundlichen Erwähnung im Jahre 1319 und in den folgenden 300 Jahren gehörte das Dorf zur Grafschaft Pinneberg der Schauenburger. 1640 annektierte der dänische König Christian IV. die Grafschaft, die fortan unter dem Namen »Herrschaft Pinneberg« im dänischen Reich ein Sonderdasein führte. 1806 wurde sie in das mit Dänemark verbundene Holstein eingegliedert. Und 1867 schlug Preußen das Dorf Hummelsbüttel zu dem eben entstandenen Kreis Stormarn. Alte Grenzsteine und das Zollgebäude zeugen davon, daß Hummelsbüttel einst »Ausland« war.

Von frohen Festen und des Tages Arbeit

Ringreiten in Hummelsbüttel
»Hopp! Und wieder stak der Ring am Stecker«

Beim Kartoffelverlesen

Kleinbauer

Pferd und Wagen

In der Scheune

Ulenbüttel — Heimat des Malers Ernst Eitner

Ulenbütel — bist du noch Idylle?
fragt ein Halbjahrhundert später Hermann Claudius.
Ja, du hast den schweren Gang der Kühe
über deine Weiden, hast noch alte
Bäume, die sich breit bedachtsam dehnen.
Und das Kraut Jeländer und Jelieber
windet sich in deinen Knicks zur Höhe
und sein Duft ist schwer und süß und sänftigt.
Und du hast noch manches liebe lange
bäuerliche Strohdach. Und hast Fenster
hoch im Giebel unterm Walm, die träumen ...[16]

Brunnen mit Kette und Eimer im Winter

Die Grützmühle

Ein bevorzugtes Motiv unseres Malers war das zweigeschossige Gebäude der Grützmühle. Wieviel Stimmung liegt doch in diesem Bild: Im Hintergrund die hohen alten Eichen. Zwischen der Mühle und dem Timmschen Hof der Holzstoß als Nahrung für den wärmenden Herd. Von seinem Hund begleitet, kehrt der Bauer von der Jagd zurück; die Bäuerin empfängt den Heimkehrenden in der Blangdör, dem Nebeneingang zum Wohnteil des Hauses. Und im Vordergrund deutet der Grünkohl das Reich der Hausfrau an. Die Grützmühle war eine Roßmühle. Sie wurde durch zwei Pferde in Bewegung gesetzt, die in hölzernen, von oben herabhängenden Gabeln eingespannt, mit einer langen am Kopf befestigten Stange geleitet wurden. Das eigentliche Mahlwerk befand sich im Obergeschoß der Mühle. In den achtziger Jahren oder etwas später wurde die Mühle stillgelegt.

Mahlwerk im Obergeschoß der Grützmühle
Die Hummelsbütteler Grützmühle

Von der Grützmühle in Blickrichtung auf den Dorfplatz bietet sich dem Wanderer der Wellsche Hof im Winterkleid.

... »as en Poppenstuw«, so war der Laden

Mit Stolz führte später der Enkel des Erbauers Maler und Photographen durch die alten Räume und in den kleinen dazugehörenden ländlichen Krämerladen, den Hermann Claudius in seiner »Ulenbütteler Idylle« beschrieben hat:

Und die hohe blanke Messingwaage
stand zumitten auf der Tonbank. Hinten
sägte, wenn die Stunde voll war, eine
alte Mahagoni-Standuhr ihre
harten Schläge. Und die beiden schweren
Lote aus dem wohlgeputzten Messing
leuchteten. Bis in den kleinsten Winkel
»as en Poppenstuw« so war der Laden.
Und dann schlurrten wir auch in den Peerstall.
»Schatz« — so hieß der Gaul. Er war ein halbes
Vollblut — sagte Behrmann — und ein Traber!
Glashütte? — In einer halben Stunde
mit dem Kastenwagen voller Brote
hinter sich, so trabte Schatz. Die Leine
mußte man zu halten wissen, wahrlich!
Festlich auf dem Bock — so saß Hein Behrmann
winters dick gehüllt in einen Strohsack.[16]

Krämerei, Schwarz- und Feinbrot-Bäckerei von H. Behrmann im Grützmühlenweg

Brotwagen im Wagenschauer

Rechte Seite: Der Grützmühlenweg mit Bäckerei Behrmann

Dampfziegelei Wettern & Sievert

Ziegelei Steinhage

Millionen Steine jährlich

Dort, wo Ziegler einst die Erde gruben
und nun tote Wasser stehn und Moose
und Gestrüpp den Boden überwuchern.
Und wo Riesensteine schläfrig ruhen.

Hermann Claudius

Zuerst von den Höfen betrieben, entstanden um die Jahrhundertwende selbständige Ziegeleien, die dem Landschaftsbild der nächsten Umgebung des Dorfes eine besondere Note gaben. 1893 erwarb Steinhage die an der Glashütter Landstraße gelegene Ziegelei. 1904 baute er ein zweites Werk. Die Ziegelei von Wettern & Sievert entstand 1908, ebenso die Ziegelei Meyer.

Ziegeleigrube

Von Hummelsbüttel nach Poppenbüttel

Auf unserem Spaziergang durch das Dorf Hummelsbüttel haben wir uns ein gutes Stück von der Alster entfernt. Kehren wir also an den Fluß und zu Ernst Eitner, den wir vorübergehend an der Grenze zwischen Fuhlsbüttel und Hummelsbüttel verlassen hatten, zurück.

Nicht nur Wanderer . . .

. . . hatten die Schönheiten der Alsterlandschaft entdeckt. Es gab auch Naturfreunde, denen die Mittel zur Verfügung standen, im Alstertal ihren zeitweiligen oder ständigen Wohnsitz aufzuschlagen. Einer von ihnen war der Kohlenmakler Teetz. Im April 1900 kaufte er von dem Hummelsbütteler Bauern Wells rd. 88 000 qm mit Kiefern und alten Eichen bestandenes Land zusammen mit den angrenzenden sumpfigen, zur Alster führenden Wiesen. *Ein Gartenarchitekt machte eine Zeichnung, und danach wurde alles angelegt,* erzählt seine Tochter Hanna Teetz. Das Grundstück in Hummelsbüttel war ein teures Steckenpferd des Vaters, für die fünf Kinder aber der Ort einer herrlichen und sorglosen Jugend. So ist es nicht zu verwundern, daß Freunde und Bekannte aus der Stadt gern auf diesen Landsitz zu Besuch kamen.

Im Teetz-Park an der Alster in **Hummelsbüttel**
Sommerbesuch auf dem Landsitz in **Hummelsbüttel**

Dort winkt eine Brücke

Leider kann man nun die Alster eine Zeitlang nicht mehr verfolgen, da hier größere Privat-Grundstücke liegen, die bis hart an das Wasser hinuntergehen. Nun müssen wir also die neuausgebaute Chaussee, die frühere alte Heerstraße, die sich in der Richtung des Alsterlaufs nach Poppenbüttel hinzieht, weiterwandern. Dieser alte Sandweg war früher mit all seinen Unregelmäßigkeiten bedeutend interessanter.

Verlassen wir diese Chaussee nur gleich wieder. Wir werfen noch einen Blick über die stillen Felder und gehen rechts bei einer tieferliegenden Birken- und Kiefernpflanzung hinunter zur Alster. Jetzt kann man wieder am Wasser sein. Hier hören die Absperrungen auf. Gegenüber, hinter Erlengruppen versteckt, liegt das frühere Landhaus des Malers Illies. Man sieht die lustigen, scharfgrünen Dachziegel. Ein reizender Pfad, zur Linken die schönen Felder, zur Rechten das Wasser. Dort winkt eine Brücke. Die sauberen, frischgestrichenen Boote unter den Bäumen an der Treppe, dahinter oben an der Wellingsbütteler Chaussee die von uns früher in der Ferne erspähte Windmühle, die Gehölze des Gutsparkes im Hintergrund, das ist doch ein anziehendes Bild. Und nun geht es eine ganze Strecke immer an tiefergelegenen Wiesen einerseits mit dem Flußlauf zur Rechten und abwechslungsreichen Gehölzen andererseits, die für uns Wäldchen sind aus Kiefern, Birken, Eichen mit großen Farnen davor und darunter, entlang.[EE]

Fußgängerbrücke zwischen Hummelsbüttel und Wellingsbüttel

Die Alster bei Wellingsbüttel

In diesem Teil des Alstertals, . . .

. . . der für manche der schönste ist, dem Park mit seinen
Eichen gegenüber und mit dem Wellingsbütteler Wald im
Hintergrund, der bläulich schimmernd dasteht, möchte
man eine Zeitlang träumen. Alles lädt dazu ein. Die Wäldchen links, die saftigen Wiesen, der Flußlauf, der Park-
rand mit prächtigen Bäumen, durch die man das Herrenhaus nur ahnt, die einmal eine weiße runde Bank um
einen Stamm herum oder ein farbiges Blumenbeet sehen
lassen. Auch ein strohgedecktes Häuschen erblicken wir
halbversteckt. Hier gibt es Bilder von allen Seiten. Es
weitet sich das Wiesental und bekommt als Landschaft
einen großen Zug.

Das Bestreben, immer möglichst nahe an der Alster zu
spazieren, führt uns bald an ein Drahtgitter. Wir sehen ein
modernes Haus, müssen links zum Sandweg hinauf, um
dieses neue Privateigentum zu umgehen, und erfreuen
uns an dem bewachsenen Weg und am Birkenbestand,
dessen Stämme so eigen silbern flimmern, worauf wir
dann wieder am Rand eines Feldes an den Alsterwiesen
entlangziehen dürfen, und nun wird unsere Freude durch
nichts gestört. Unter überhängenden Zweigen wandeln
wir im Zickzack in schönster Einsamkeit dahin. Rechts
ruht der Blick auf dem Gehölz von Wellingsbüttel, links
haben wir leichtgewellte Felder von Bäumen umrahmt.
Vor uns aber, voll märchenhafter Blütenpracht, schim-
mern die niederen Alsterwiesen in Strecken von rosa,
weiß und gelb.[EE]

Alsterlandschaft bei Wellingsbüttel

Der Fußsteig folgt den Windungen . . .

. . . der Alster durch den Wald sowie, kaum sichtbar, über Felder hinweg. Reich an Abwechslung, wird er trotz stellenweisen Verbotes und Unterbrechungen durch Privatbesitzungen vielfach begangen. Mehrere Querwege führen durch den Wald zwischen Fuhlsbüttel und Poppenbüttel.[W]

Ein Fußsteig begleitet den Fluß

Eingezäunte Privatbesitzungen

Im Hintergrund rote Dächer

Im duftigen Waldton drüben ziehen rein ornamental die Fußwege auf und ab, unterbrochen von den schlanken Buchenstämmen. Der freie Blick hört auf. Wir kommen an eine Tannenpflanzung, die durch ihr weiches Halbdunkel einen auffallenden Gegensatz zu der Fülle von Licht und funkelnden Farben bildet. Zwischen den Stämmen der Tannen hindurch sehen wir rechts die hellen Wiesen sich weiter erstrecken. Allmählich schieben sich auch Buchen vor die Tannen. Wir erblicken durch diese im Hintergrund rote Dächer und wissen, daß wir uns Poppenbüttel nähern. Allerdings nicht auf dem gewöhnlichen Wege, aber unsere Schleichwege sind gerade interessant.

Ehe wir uns nun wieder wie andere Leute hinauf auf den Fußweg begeben, um unseren Weg durch Poppenbüttel fortzusetzen, weil wir hier unten unseren Weitermarsch nicht fortsetzen können, blicken wir zurück und sehen, wie recht Goethe hatte, wenn er dem Wanderer riet, oftmals zurückzublicken.[EE]

Bevor wir mit Ernst Eitner durch das gemütliche Poppenbüttel schlendern und in einer der vielen Gastwirtschaften dort Rast machen, dürfen wir nicht versäumen, einem weiteren preußischen Dorf, nämlich Wellingsbüttel, einen Besuch abzustatten. Der Leser wird sich noch erinnern, daß wir uns an der Grenze zwischen Klein-Borstel und Wellingsbüttel mit der Fähre auf das Hummelsbütteler Ufer übersetzen ließen. Dahin wollen wir zurückgehen.

Blick auf Poppenbüttel

Wellingsbüttel.

Topographisches: Auch Wellingsbüttel besteht aus einem Gutsbezirk und einer Landgemeinde mit zusammen 501 Einwohnern. Das Herrenhaus liegt unmittelbar am Alsterufer in größerem Park mit alten Bäumen; die Gemeinde liegt recht zerstreut, setzt unmittelbar an der Hamburger Grenze ein und dehnt sich bis an die alte Hamburger Landstraße aus, welcher dort gelegene Teil „Grüner Jäger" heißt. Der Boden ist sandig, höchstens von mittlerer Güte. Die Feldmark ist von mehreren kleineren Waldungen durchsetzt.

Verbindungen: Ausgebaute Wege nach Klein Borstel, Poppenbüttel und an die obengenannte alte Landstraße. Von Touristen wird gerne der Fußweg nach Poppenbüttel durch das Wellingsbütteler Gehölz benutzt.

Gasthöfe: „Alsterhöhe" von C. Michelsen (f. Inj.), Fr. Schultz (f. Inj.), „Zur Friedenseiche" von C. Hann (f. Inj.), „Landhaus Grüner Jäger" von C. Reisner (f. Inj.) und „Waldhof" von W. Randel (f. Inj.). Letzterer gehört freilich politisch zur Gemeinde Poppenbüttel, schließt sich aber eng an Wellingsbüttel an.

Geschichtliches: Das Gut hat eine reiche Geschichte, die bis zum Jahre 1382 zu verfolgen ist. 1574 besaß es der bekannte Heinr. Rantzau als Lehen. Von 1673 bis 1807 war es im Besitz der katholischen Familie v. Kurtzrock, der sich sogar die Reichsunmittelbarkeit anmaßte, bis ihm sein so bezeichneter Grenzpfahl zertrümmert ward. 1807 kaufte es der dänische König für 80 000 Thaler und verlieh es 1810 an den Herzog von Holstein-Beck. 1818 wurde es von Herkules Roß erworben. 1846 von Zauch für 110 000 Mk. derzeit. Cour. Spätere Besitzer waren Frau Behrens und Domeyer, worauf es vom Consul Hübbe erworben ward. Zu Roß Zeiten wurde eine Kattundruckerei betrieben, auch war eine Wassermühle vorhanden.

Gruss aus Wellingsbüttel

Hinter dem Borsteler Fährhaus beginnt das auf preußischem Gebiet liegende Wellingsbüttel, das sich aus einem Gutshofe und einer Landgemeinde von etwa 500 Einwohnern zusammensetzt. Nun am Gasthof »Alsterhöhe« mit schöner Aussicht auf das Alsterteil vorbei, in etwa zehn Minuten auf sonniger Straße an einem abgesperrten Tannengehölz sowie an dem Gutshofe entlang zu dem ländlichen Gasthof »Zur Linde«. Hier gehen wir erst links, dann rechts an dem Teiche vorbei ziemlich steil hinunter in das Wellingsbütteler Gehölz, einen der schönsten und köstlichsten Wälder in Hamburgs Umgebung.[W]

Wellingsbüttel im Meßtischblatt von 1880

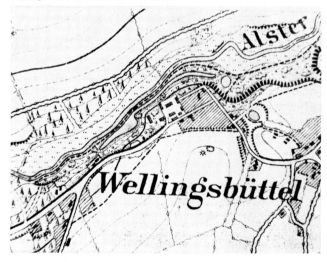

Blick auf den Wellingsbütteler Weg mit dem Lokal »Alsterhöhe«

Naiv gezeichnete Ansichtspostkarte

Gasthof „Alsterhöhe"

H 11]   **Wellingsbüttel.**

20 Minuten von der Endstation der Ohlsdorfer Strassenbahn.
Romantisch belegen am Gehölz mit grossartiger Aussicht über
das ganze Alsterthal.
Schöner Garten mit vielen Lauben.

Grosses Gartenetablissement.

Doppelte Kegelbahn,
⚜ Salon, Veranda und Stallraum für Pferde. ⚜
Touristen, Clubs und Vereinen sehr zu empfehlen.
Restauration zu jeder Tageszeit, hiesige und fremde Biere.
Civile Preise, reelle Bedienung.
Alles der Neuzeit entsprechend eingerichtet.

Um gütigen Zuspruch bittet

Achtungsvoll **E. Michelsen.**

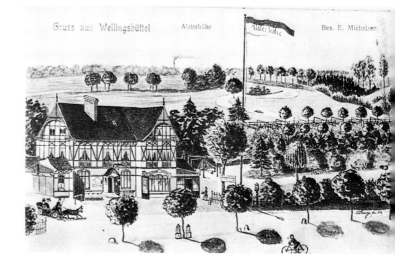

Abseits der Landstraße

Gruß vom Alsterstrand
ensionat „Alsterhöhe in Wellingsbüttel
E. Michelsen

Die schönsten Wanderungen im Alstertale liegen abseits der großen Landstraße. Ein schmaler Pfad, am Buchen bestandenen Abhange hinlaufend, bleibt den Ufern der Alster stets nah, reizvolle Blicke auf waldumsäumte Wiesen bietend. Von Wellingsbüttel bis Rodenbeker Quellental führt einer der schönsten Fußpfade in Hamburgs Umgebung. Prächtige Baumgruppen und Gehölze wechseln mit grünen Wiesen, durch die wie ein silbernes Band die Alster fließt.

Die ursprüngliche Auenlandschaft bei Wellingsbüttel

Sonntäglicher Ausflugsverkehr an der Oberalster bei Wellingsbüttel

. . . und im Hintergrund die Wellingsbütteler Mühle

Die wegen Unrentabilität und Verfall 1918 abgerissene Wellingsbütteler Windmühle

95

Allee mit Torhaus

Alte Eichen auf dem Gutshof

Das Gut Wellingsbüttel . . .

. . . war zu Hübbes Zeiten (1911) ein großer Betrieb. Im Torhaus war ein Stall mit 26 Pferden, die von 6 Pferdeknechten betreut wurden. In einem sehr großen Kuhstall wurden 180 Milchkühe und 30 Stück Jungvieh gehalten. Die Milchkühe brachten täglich 3000 Liter Milch, die mit eigenem Milchgespann zweimal täglich nach Barmbek zu Milchhändlern gebracht wurde. Der Milchkutscher fuhr nachts $1/2$3 Uhr ab und war um 8 Uhr zurück. Am Nachmittag mußte er die gleiche Fahrt noch einmal machen. Beschäftigt waren im Gut etwa 50 Personen, ohne die ungefähr 15 Schnitter aus Polen mitgerechnet. Zum Teil wohnten die Gutsbediensteten in Deputatwohnungen. Sie erhielten neben einem Barlohn ebenfalls auch als Bezahlung Naturalien.[17]

Das Herrenhaus

Vom Lindenwirt in Wellingsbüttel

Lang, endlos lang, eintönig und staubig war die Landstraße von Ohlsdorf über Klein-Borstel nach Wellingsbüttel. Wer sich das Alstertal mit dem schönen Wellingsbütteler Gehölz als Ausflugsziel setzte und die Straßenbahn bis Ohlsdorf nahm, dem stand noch eine Stunde Fußmarsch bevor, ehe er sein Ziel, Wellingsbüttel, erreichte. Klassenweise machten viele Schulen aus Barmbek und Winterhude ihren Sommerausflug ins Alstertal. Halbverschmachtet liefen die Kinder von der Landstraße direkt in das Lokal des Lindenwirts hinein, denn gerade hier machte der Weg einen Knick. Die Lindenwirtin füllte ein Tablett mit fünfzig und mehr Gläsern mit Fruchtsaft und tauschte die Zehrgroschen der Kinder dafür ein.

H. Wiepking

Gasthof »Zur Linde« in Wellingsbüttel

Teich am Eingang zum Wellingsbütteler Gehölz

Gasthof »Zur Friedenseiche«

Der Gasthof »Zur Friedenseiche« . . .

. . . bestand zu Beginn des Jahrhunderts aus dem stroh-gedeckten Hause, einer Scheune und Ställen für 12 Pfer-de. Ein Hausknecht hatte den Ausspann zu betreuen und sich vornehmlich mit den Hamburger Breaks zu befassen. Sie brachten an Sonn- und Feiertagen zahlreiche Gäste aus Hamburg herbei, denn Wellingsbüttel war ein belieb-tes Ausflugsziel geworden.[18]

Anzeige von 1901

Rechte Seite:
Im Wellingsbütteler
Gehölz

Im Wellingsbütteler Gehölz

Einen Glanzpunkt bildet das Wellingsbütteler Gehölz, das zwar nur klein, aber von desto größerer Schönheit ist. Steil fällt hier das Gelände, zerrissen von tiefen Schluchten, zur Alster ab. Mächtige Eichen und schlanke Buchen, Reste eines uralten Waldes, bilden den größten Bestandteil dieses reizvollen Forstes.

Anmutige, malerische Landschaftsbilder zu beiden Seiten des Flusses machen den Weg zu einem genußreichen und stets gern wieder aufgesuchten Spaziergang.[W]

Am und im Wellingsbütteler Gehölz

Die Freunde des Waldes

werden im Interesse aller gebeten, das Verbot des Rauchens zu beachten; Papier, Flaschen usw. nicht umherliegen zu lassen, sowie alle Kulturen, Anpflanzungen und Jungwüchse zu schonen.

Ebenso wird gebeten, beim Begehen der Fußpfade die anliegenden Felder nicht mutwillig zu beschädigen, um ein Sperren dieser Wege zu verhüten.

Aus einem Wanderführer von 1911

Rechte Seite: Der Malerwinkel bei Wellingsbüttel

Anzeige von 1901

Bei Randel

Sofort hinter dem Gute Wellingsbüttel biegt man links in einen Fußweg, welcher an der Alster entlang, in 20 Min. durch schattigen Hochwald über eine Koppel wieder auf die Landstraße führt. Buchen, Eichen und Tannen breiten ihre mächtigen Baumkronen aus und umfangen den Touristen in ihrem Waldesfrieden. Beim Austritt aus dem Walde erblickt man die stattlichen Gebäude des neuen Hotels Waldhof.[W]

»Randels Gasthof, schön am Holze gelegen, Sommerpension 3–4 Mk«, erwähnt schon ein Wanderführer von 1890

Die von der »Atag« gebaute Fußgängerbrücke über die Alster beim Wellingsbütteler Gehölz

Blick auf Poppenbüttel und die Bäckerbrücke 1901

Holsteinisches Dorf
   Die Sonne war im ersten Schweben.
Ich sah vom runden Hügel her
die Bauerndächer breit und schwer
sich langsam durch den Nebel heben.
   Und mich ergriff ein tiefes Rühren.
Die Dächer standen von Gestalt
so erdgewachsen wie der Wald.
Wie mußt' Natur noch jene führen,
   die diese Stätten einst sich schufen.
Es öffnete sich rings das Tal.
Und alle Kunst erschien mir schal
vor dieses Urseins heiligen Stufen.

                Hermann Claudius

Wir erreichen das holsteinische Dorf Poppenbüttel. Im Geiste machen wir einen Sprung über die Alster und begeben uns an den jenseitigen Eingang des Dorfes. Dort wartet Ernst Eitner auf uns.

104

Poppenbüttel –
Ausflugsziel und Sommerfrische

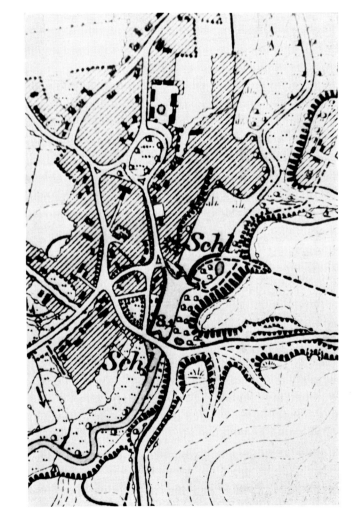

Der Eingang in Poppenbüttel von dieser Seite ist recht hübsch. Die kleinen Häuschen am Anfang haben ihre Stallungen den Abhang zu den Wiesen hinunter angelegt, wo auch ihre Gärtchen sind. Die Bewohner sind sich des schönen Blickes über das Alstertal wohl kaum bewußt, sie wohnen reizend. Links, wenn man den Bach überschritten hat, steht noch ein stolzer Überrest des früheren mächtigen Kranzes von Eichen, der Poppenbüttel umgeben hat. Vor dem großen Gasthaus stehen schöne Linden, sein silbertoniges Strohdach ist lang dahingestreckt. Wieder stehen hier mehrere alte Eichen an der Straße und in Gärten, Katen von ebenso ehrwürdigem Alter unter ihnen. Wir gehen jetzt erst zur Schleuse und lassen das Dorf selbst mit seinem Kupferteich für später.EE

Poppenbüttel um die Jahrhundertwende

Poppenbüttel, eine Gemeinde von ungefähr 700 Einwohnern, liegt am westlichen Ufer der mittleren Alster, die hier eine der reizvollsten Landschaften durchfließt. Auf hohem Uferrande stehen schlanke Buchen, herrliche Parkanlagen treten dicht an den Lauf der Alster heran, die bei der Schleuse einen kleinen See bildet. Poppenbüttel wird in den letzten Jahren immer mehr von Hamburgern bewohnt, die hier an den Ufern der Alster anmutige Landhäuser erbaut haben. Leider ist dadurch der romantische Weg an der Alster stellenweise unterbrochen, so auch der Pfad nach der Mellingburger Schleuse, wo die Alster ihre größte Biegung macht.

Von der Schleuse zurück nach Poppenbüttel geht es am jenseitigen Ufer auf schmalem Fußpfade, der bei dem Lokale »Alsterschlucht« sein Ende erreicht. Besuchenswert ist auch der in Nähe des Lokals befindliche Kupferteich, umrahmt von einem schmalen Waldstreifen.[W]

Rechte Seite: Die Poppenbütteler Apotheke um 1900

Gasthof Wagener, Ecke Alte Landstraße und Saseler Damm

Strohdachhäuser in Poppenbüttel um 1904

Hier an der Schleuse ...

... gibt es wieder allerlei Interessantes für uns. Sehr belebt wird die Gegend, wenn Markttag ist. Dann findet unter den Bäumen, den Hennebergschen Garten im Rücken, Viehverkauf statt. Dann ist es hier gar nicht so still wie heute. Die Kühe brüllen und die Kälber, die Pferde werden vorgeführt, und die Käufer sowie Verkäufer sind auch gerade nicht still. Sie schreien und klatschen beim Bieten kräftig in die Hände.

Jetzt also stehen wir auf der Brücke der Schleuse. Drüben hohe schlanke Pappeln, flußabwärts bis zur zweiten Schleuse versandete Stellen, wo Enten fröhlich schnattern und Kinder immer neue Spiele erfinden. Und wie traulich liegt gar der kleine Wirtsgarten mit dem strohgedeckten Hause da.[EE]

Blick auf die obere Poppenbütteler Schleuse

Bäckerbrücke mit der unteren Schleuse

Partie bei der Bäckerbrücke 1900

Anzeige von 1901

Alte Lade aus der Familie des Schleusenmeisters Schleu

Rechte Seite: Die obere Poppenbütteler Schleuse um 1910

Gasthaus »Zur Schleuse«

Poppenbüttel.

Gasthaus ✳ ✳ ✳ ✳
Zur Schleuse

Reizend am Alster-Ufer neben dem stets rauschenden Wasserfall der Schleuse gelegen. Idyllischer Garten mit ungestörten Sitzen. Touristen, Vereinen und Schulen warm zu empfehlen.

Herrliche Ruderpartie bis zur Mellenburg, 3 Boote zur Verfügung.

Mässige Preise bei sofortiger Bedienung.

Hiesige und fremde Biere.

Belegte Butterbröte.

Specialität:

Rührei mit Schinken
à Couvert 1.20 Mk.

In nächster Umgebung herrliche sonnige und schattige Spaziergänge.

Achtungsvoll

Wilhelm Schleu.

Omnibus nach Poppenbüttel.

Haltestelle vor Restaurant Kohl, Endstation der Straßenbahn in Ohlsdorf.

ab Ohlsdorf:

Wochentags	7⁸⁰	9³⁰	1⁸⁰	3⁰⁰	8⁰⁰
Sonntags	7⁴⁵	9³⁰	2⁰⁰	9⁰⁰	12⁰⁰

ab Poppenbüttel:
Haltestelle:

Wochentags	6⁰⁰	8⁰⁰	12⁰⁰	2⁰⁰	6¹⁵
Sonntags	6⁴⁵	8⁰⁰	12⁰⁰	7³⁰	10⁰⁰

Fahrpreise:

a. bis Wellingsbüttel............... 40 Pfg.
b. bis Poppenbüttel .... 60 „
Sonntags letzte Fahrt .... 80 „

Pferdeomnibusverbindung von Ohlsdorf nach Poppenbüttel – Fahrplan
von 1912

Am Poppenbütteler Schleusenstau

Aus Wanderführer
von 1901

Rechte Seite: Künstliche
Ruine im Hennebergschen
Gutspark

Stempelaufdruck in Ermangelung einer Originalaufnahme

Poppenbütteler Jahrmarkt

Das Dorf und die ganze Umgebung tätigte an diesem Tage die nötigen Jahreseinkäufe. Barmstedter Schuhmacher verkauften Arbeitsstiefel, für die Bauern gab's Stalleimer, Forken und anderes Gerät für Hof und Küche. Reepschläger boten Stränge und Leinen feil. Auf dem Viehmarkt waren Stände mit Ferkeln und Kühen. Zigeuner versuchten, mit Pferden zu betrügen. Es fehlten auch nicht Buden mit Aalen, Pfefferkuchen und Süßigkeiten. Das Karussell stellte ich als Junge in den Tagen vor dem Markt mit auf, versorgte die Leute mit Äpfeln aus dem Garten und die kleinen Panjepferde, die damals den Antrieb besorgten, mit Hafer vom Speicher, um mir freie Fahrt zu sichern. Beliebt war auch »Hau den Lukas«, ein Gestell, an dem die Bauernburschen ihre Kräfte messen konnten, und der billige Jacob, der die Preise seiner Schundwaren von 1,— Mark auf einen Groschen selbst herabbot und von Stunde zu Stunde heiserer wurde. In allen Gasthöfen gab's Musik und Tanz. Die Hamburger ließen sich den Poppenbütteler Markt nicht entgehen. Eine Break hinter der anderen rollte Ungezählte aus der Stadt heran. Wirte und Hausknechte verdienten an diesem Tag oft mehr als im ganzen Jahr. Übles Weibsvolk in den Tingeltangeln und Kneipen machte ebenfalls gute Geschäfte. Der Spektakel hielt bis spät in die Nacht an, und es gab Szenen, wie sie Jan Steen gemalt hat in Holland. Am Markttage wurde nirgends gearbeitet. Es war so, daß mit dem Poppenbütteler Markt für die Einheimischen ein neues Jahr begann.[19]

Ansichtspostkarte von 1899

Das Dorf Poppenbüttel gehörte bis zum Jahre 1803 dem Hamburger Domkapitel. Dann kam es an die Herrschaft Pinneberg, die damals noch dänisch-holsteinisch war. (Daher stammt die Redewendung: »Poppenbüttel ist dänsch«.) Im Jahre 1867 kam Poppenbüttel zu Stormarn und wurde damit preußisch.

Bauernstelle Ellerbrook am Poppenbütteler Dorfplatz, 1903 abgebrochen

Poppenbütteler Dorfplatz um 1820

Poppenbüttel.

H. Ellerbrock's Gasthof

altbewährtes Restaurant im Zentrum von Poppenbüttel,

mit grossem, herrlichem Garten,

schattigen Lauben und Spaziergängen.

Bequemer Ausspann.

Kegelbahn, Turngeräte, Spiele etc.

Hiesige und fremde Biere.

Milch von eigenen Kühen.

Zivile Preise. ✳ ✳ Reelle Bedienung.

Touristen, Familien, Clubs, Schulen sehr zu empfehlen.

Ellerbrocks Gasthof

Gasthof »Zur Alsterschlucht« in der Lemsahler Landstraße 1899

117

Gasthof „Zur Alsterschlucht"
bei Poppenbüttel.

Belegen am nördlichen Ausgang des von der Natur so reich gesegneten, im Alsterthal liegenden Ortes Poppenbüttel.

Man geniesst von hier aus den grossartigen Anblick über das Alsterthal und erreicht den in kurzer Zeit so beliebt gewordenen Kupferteich in 2 Minuten, weshalb Klubs, Vereinen und Sommerfrischlern mein Etablissement besonders empfehle.

Getränke und Verpflegung vorzüglich bei mässigen Preisen.

Ausschank von besten hiesigen Bieren, sowie von dem beliebten Lederer-Bräu. — Neue Doppel-Kegelbahn. — Grosser schattiger Park, welcher in der Umgegend als grösster Wirtschaftspark bekannt ist, nebst grossem Biergarten.

Empfehle meinen der Neuzeit entsprechenden grossen Tanzsalon, sowie grosse und kleine Klub-Lokalitäten.

Restauration zu jeder Tageszeit.
Pension für Erwachsene à Person Mk. 3.50.

Sitz des
Alster-Vereins.

Rich. Jungclaus.
Besitzer.

Die »Alsterschlucht« von der Wasserseite 1901

Hohenbuchen und seine Kupfermühlen

... hinauf zum waldumsäumten Kupferteich

Anschließend an die Wanderung Ohlsdorf – Poppen-büttel gehen wir vom Gasthaus »Zur Schleuse« in gerader Richtung aufwärts an der künstlichen Ruine mit hochragendem Turm vorbei. Dann über den Marktplatz hinweg, rechts haltend durch das Dorf bis zur Brücke. Hier links an dem kleinen Bache aufwärts bis kurz vor dem Gebäude der Fischzuchtanstalt, wo wir durch eine kleine Waldschlucht hinauf zum waldumsäumten Kupfer-teich gelangen. Eine Schutzhütte sowie ein in den Teich hinausragender Ausbau mit Ruhebank laden zu länge-rem Verweilen. Die Besichtigung der Fischzuchtanstalt, die hauptsächlich Forellen züchtet, ist nur mit Erlaubnis des Fischmeisters gestattet. Wir gehen rechter Hand an dem schmalen Ende des Teiches entlang in stets gleicher Richtung bis zur Landstraße, die wir in wenigen Minuten erreichen. Nun rechts bis zu dem Lokal »Alster-schlucht«, dessen prächtiger Garten bis an die Alster reicht.[W]

Die (obere) Kupfermühle stand nordwestlich an dem höhergelegenen, aus dem Twelenbek gespeisten Kupfer-teich. In diesem Kupferhammer wurden nicht nur Platten für Dächer und Schiffsböden hergestellt, sondern auch große Kessel für die Zuckersiedereien in Ostindien und zur Geneverbereitung in Wulksfelde. Um 1850 wurde aus dieser Kupfermühle ein Sägewerk und später eine Öl-mühle; dann lag sie wegen Alters und Verbrauchtheit still.[20]

Die Fischzuchtanstalt am Weg zum Kupferteich

Die obere Kupfermühle

Poppenbüttel und der Alsterverein

In den Jahren der für das Alstertal anhebenden Ausflüglerflut fanden sich einige wirtschaftlich und fortschrittlich gesinnte Männer zusammen, um gemeinsam Vorteile in wirtschaftlicher und kultureller Hinsicht zu erreichen. Die erste Anregung hierzu gab der neue Besitzer der Poppenbütteler Apotheke, Adolf Piepenbrink, der Neujahr 1900 aus dem Harzgebiet in das Alstertal gezogen war. Er schilderte in den ersten Tagen des Jahrhunderts dem rührigen Gastwirt der kürzlich erbauten »Alsterschlucht« die geschäftsbelebende Tätigkeit des in seiner Heimat seit einigen Jahren bestehenden Harzclubs. Wenn auch die Verhältnisse im Norden Hamburgs nicht ganz denen des vorher ärmlichen Harzgebietes glichen, so sei doch das Alstergebiet immerhin eine bevorzugte Landschaft in der Umgebung Hamburgs, in die sich durch geregelte Förderung sicher ein vermehrter Ausflüglerstrom zum Nutzen der heimischen Wirtschaft lenken ließe. Solche Gedanken griff der arbeitsfreudige und energische Richard Jungclaus begeistert auf und traf sofort Vorkehrungen zur Gründung einer Vereinigung von wirtschaftlichen Persönlichkeiten im Alstertal. In den ersten Februartagen des Jahres 1900 erhielten die bekannteren Männer in den Alsterorten Einladungen zu einer Zusammenkunft. Inzwischen warben Piepenbrink und Jungclaus eifrig unter Gästen und Nachbarn. Es gelang ihnen, Lehrer Frahm, Kunstmaler Illies, Zimmermeister Mohr, Lehrer Lammers für die Bestrebungen zu gewinnen. Ludwig Frahms Gedanken richteten sich von vornherein weit über die Verfolgung rein wirtschaftlicher Ziele hinaus auf Heimatkunde, Heimatpflege und Heimatkultur: Die Gründung des Alstervereins würde sich nicht lohnen, wenn der Zusammenschluß nur ein Deckmantel für das Bestreben Einzelner nach Erlangung wirtschaftlicher Vorteile sein sollte. Nicht um materieller Vorteile willen, sondern aus ideellen Gründen, so meinte Frahm, muß der Alsterverein gegründet werden.

Den auftauchenden Fremdenstrom muß der Verein aufzuspalten bestrebt sein nach Guten und Bösen. Es muß erreicht werden, daß Naturschändern die Pfade versperrt, dagegen den Naturfreunden die Schönheiten der Heimat zugänglich gemacht werden. Um einen größeren Fremdenstrom ins Alstertal zu lenken, ging man nach der Gründung des Vereins sofort daran, neue Fußwege anzulegen und vorhandene zu erweitern. Nach einigen Monaten schon waren durch herrliche Wanderwege verbunden: Poppenbütteler Schleuse mit der »Mellingburg«, die »Alsterschlucht« mit der »Mellingburg«, die »Mellingburg« mit der »Alten Mühle«. Im nächsten Jahr folgten die ebenfalls idyllischen Steige von der »Alten Mühle« nach Rodenbek und von der »Alten Mühle« am rechten Ufer des Saselbeks entlang nach Bergstedt.

Leider war die allgemeine Freude über die vielbegangenen Wanderwege im Alstertal nur von kurzer Dauer. Die dem Alsterverein zugetanen alten Grundbesitzer verkauften schon nach einigen Jahren ihre Ländereien mit den Abhängen zur Alster, und die neuen Herren waren den wandernden Menschen wenig freundlich gesinnt. Sie schlossen sofort ihre Grundstücke mit Drahtzäunen ein, so daß es mit der ferneren Benutzung der Wanderwege für die meisten Strecken vorbei war. Viele Naturfreunde blieben nach 1905 dem Alsterlauf fern.[21]

Im Ruderboot bis Hohenbuchen

Nach unserem Abstecher zum Kupferteich kehren wir zurück zur Poppenbütteler Schleuse. *Hier sind Boote zu einer Fahrt auf der Alster zu haben. Keiner, der Sinn für Naturschönheiten hat, sollte die Fahrt auf der von waldigen Höhen umfaßten Alster versäumen.*

Auch oberhalb von Poppenbüttel behält der Fluß seinen malerischen Charakter. Hohenbuchen, die Mellingburger Schleuse, das Rodenbeker Quellental und vor allem Wohldorf verdanken ihm ihren Ruf.[W]

Wenn wir uns nun nicht zu beeilen brauchen, und das soll man eigentlich nicht auf einer Wanderung wie der unserigen, dann setzen wir uns hier einmal wieder in ein Boot, lassen Beine und Füße die Ruhe genießen und arbeiten ein wenig mit den Armen. Denn hier erweitert sich die Alster oberhalb der Schleuse zu einem teichartigen Becken. Ähnlich wie in Fuhlsbüttel, nur daß hier keine Mühle getrieben wird. Da sehen wir nun den parkartigen Garten des Herrn Henneberg an das Wasser hinuntergehen. Am Ufer stehen hohe Bäume, deren Wurzeln in seltsamen dunklen Linien aus dem moorigen Erdreich gucken. Weidenbüsche hängen ihre Zweige über uns, und es herrscht eine wohltätige Ruhe über allem. So zieht unser Boot leise weiter, am Ufer von Hohenbuchen vorbei.[EE]

Ausschnitt aus dem Meßtischblatt von 1880

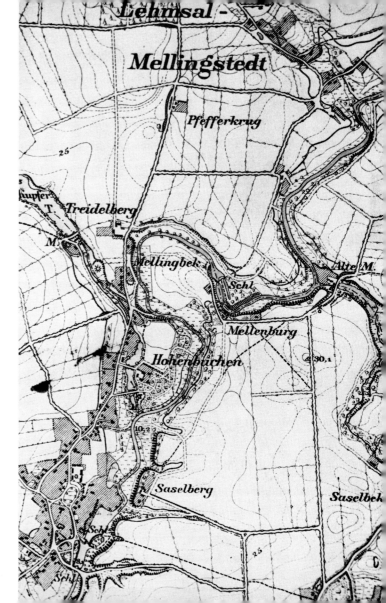

Das Gut Hohenbuchen

Die Alster bei Hohenbuchen

Im Kajak oberhalb von Poppenbüttel

In Poppenbüttel ist der ehemals Kählersche, jetzt Lippertsche Park Hohenbuchen sehenswert, eine der schönsten Parkanlagen im Norden Deutschlands. Der Eintritt ist dem Publikum an den Wochentagen gestattet, erläutert der Wanderführer von 1901.

Wann der Name Hohenbuchen entstanden ist, ist nicht feststellbar. Bis 1791 wurde der Besitz als Oldes Hof bezeichnet, dann wieder Kupfermühle. Der Name Hohenbuchen wird erst nach dem Kauf durch Alexander Kähler 1849 entstanden sein, nach den zahlreichen im Park vorhandenen Buchen oder nach der »hohen Buche«, die auf $1^{1}/_{2}$ m Höhe einen Umfang von 4,40 m hatte. An dieser hohen Buche hat Kähler eine Tafel anbringen lassen.

Kähler nutzte beide Wassermühlen sowohl am Hofe wie am Kupferteich zum Schlagen von Ölfrüchten. Als Nebenbetrieb wurde eine Seifensiederei eingerichtet. Ed. Lippert legte diese Betriebe 1896 still. Die Wasserkraft wurde dann nur noch durch eine neu angelegte Turbine für Beleuchtungszwecke und Wasserversorgung des Hofes ausgenutzt. Die Mühle auf dem Hof ging am 4. Februar 1922 in Flammen auf.

Das alte Herrenhaus wurde von Ed. Lippert in den ersten Jahren seines Hierseins mit einem Kostenaufwand von ca. 300 000,— RM erweitert und mit einer Sternwarte versehen.[22]

Das Herrenhaus von Hohenbuchen

Die ehemalige untere Mühle auf dem Hof von Hohenbuchen

Zeiten rauschen dahin in nimmer rastender Eile,
Der Welle des Flusses gleich, keine kehrt jemals zurück.
Sinnend steht als hehrer Zeuge in ruhender Weile:
Der mächtige Baum, erhaben über menschlich' Geschick,
Jahrhunderter Stürme umbrausten schonend den Scheitel,
Leise flüstert's der Zephir, was einst unterm Schatten geschah.
Geschlechter erstanden und starben in Freud und Leid,
doch eitel war alles,
Was irdische Weisheit erdachte, kurzfristiges Spähen ersann;
Beuge dich, Sterblicher, hier, wo Natur dir Tempel erbaute,
Staune mit dankbarem Sinn, wie alles so herrlich gemacht,
Raum gib der Freude, die wechselnd wie Zeiten dem,
der ihr traute,
Immer mit neuem Grün, wie den Baum, so auch das Leben
bedacht.[22]   1851

Die »hohe Buche« mit der Verstafel

Wir sehen dann oben die »Alsterschlucht«...

...von Jungclaus und möchten wohl bis zur Mellingburger Schleuse fahren, aber das Boot muß zurück. Daher kehren wir um und sehen uns letztere auf anderem Wege an.

Wieder an Land, wandern wir unter einer Reihe ältester Weidenbäume jenseits des Teiches dahin, sie sind ein Schmuck der Schleusenbrücke. Den Blick rückwärts gerichtet, neigen sich diese Weiden über den Teich und hängen ihre Zweige vor das kleine Gasthaus im Hintergrund der Schleuse. Das Rauschen des Wassers wird leiser, je weiter wir uns auf dem anderen Ufer entfernen, und dazwischen mischt sich der Klang einer Glocke vom Gutshof drüben. Unter den Bäumen, das Wasser links neben uns, können wir leider nicht lange weitergehen, da uns ein Schild und eine Pforte »Halt« gebieten.[EE]

Der Poppenbütteler Schleusenteich

Teich im Park von Hohenbuchen

Alte Weiden am Schleusenstau

Die Alster bei Hohenbuchen

Mellingburger Schleuse —
Erinnerungen an die Alsterschiffahrt

Seitwärts rechts hinaufsteigend, kommen wir auf eine weite Fläche. Wenn die Sonne recht stark brennt, ist es wohl nicht gerade angenehm, dieses Feld zu überschreiten; jedoch hat es auch seinen großen Reiz, wenn die heiße Luft über den starkgelben Ginsterbüschen flimmert. Hier ist schon ein Stück gepflügt und besät. Kräftig dunkel liegt die Erde. Daneben ein Haferfeld mit dem gelben Unkraut dazwischen. Die Unterschiede in den Farben beschäftigen unseren Sinn. Im Hintergrund schimmert durch die Büsche ein Kirchturm, dort liegt Bergstedt. Allmählich kommen wir während des Betrachtens auch schon über die lange Fläche hinüber und gehen dann schräg hinunter zur Mellingburger Schleuse. Blickt man nun alsterabwärts, so liegt links höher am Abhang unter Pappeln und Kastanien das Häuschen des Schleusenwärters. Eine Treppe führt hinauf. Da oben läßt es sich gut ausruhen.[EE]

Hier, an der großen Krümmung der Alster, ist einer der schönsten Punkte des ganzen Alstertales. Und es lohnt sich, in dem hochliegenden niedersächsischen Bauernhause aus dem Jahre 1717 längere Zeit zu verweilen. Das Haus, noch im ursprünglichen Zustande erhalten, ist seit dem 18. Jahrhundert im Besitz der Familie Timmermann, die hier eine einfache Gastwirtschaft betreibt und die Alsterschleuse bedient.[W]

Die Mellingburger Schleuse mit dem Schleusenmeisterhaus
Blick über die Schleusenkammer

Bootschleppe an der Mellingburger Schleuse

Schleusenmeisterhaus mit Scheune

Die obere Schleuse

Die Lastschiffahrt auf der Alster ist untergegangen, aber die Lustschiffahrt blüht mächtig auf. In ununterbrochener Reihe ziehen an schönen Sonntagen Ruder- und Paddelboote aufwärts.

> An den Ort knüpfen sich allerhand Sagen:
> Rauhen Riesen einst Herberge,
> Heimliches Nest der Zwerge,
> Unfindbare Treppenstiege,
> Dunkler Gang mit goldener Wiege,
> Ritterburg mit hohen Wällen,
> Widerpart den Raubgesellen,
> Ordnungsaufstieg, Hansagrüße,
> Mondscheinfischzug, zentnerschwer —
> Sagensucher, willst du mehr?　　Ludwig Frahm

Blick über die Schleusenkammern mit Alsterkahn im Vordergrund,
Winter 1913

Der letzte Alsterbock bei der Mellingburger Schleuse

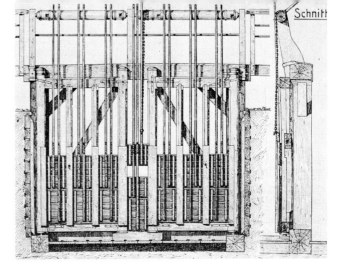

Schüttenanordnung bei den Schleusentoren

*Jedes Schleusentor besteht aus drei Abteilungen.
Will man stauen, werden 6 Holzschütten oder -schotten
von oben in die Führungen geschoben. Der lange Holz-
stiel der Schotten hat einen Haken. Soll das Wasser
abgelassen werden, hakt man eine Kette in diesen Haken
ein. Die Kette läuft über ein durch Speichen drehbares
Rundholz, das über den Schleusentoren in Geländerhöhe
angebracht ist. Damit werden dann die Schotten hoch-
gewunden und das Wasser kann abfließen. Dann erst
können die Schleusentore durch seitlich am Ufer ste-
hende Erdwinden aufgezogen werden.*[23]

Man kann sich kaum vorstellen, daß dieser verhältnis-
mäßig flache Fluß im Mittelalter bis in die Neuzeit hinein
schiffbar gewesen ist und ganze Flotten flachbodiger
Kähne, Alsterböcke genannt, Schwergüter in die Stadt
brachten.

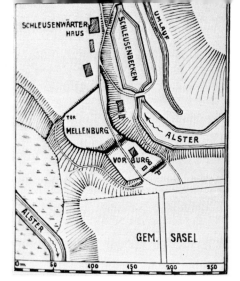

Die Mellingburg eine Volksburg?

Von den Einheimischen soll dieser Platz immer als die Burg angesehen worden sein, und seine Bezeichnung als Burg auf der Saseler Flurkarte von 1793 scheint es zu beweisen. In der Tat kann das früher mehr versumpfte und von dichtem Buschwerk umsäumte Alstertal einen natürlichen, nötigenfalls durch Zäune verstärkten Schutz abgegeben haben. Am Halse der Halbinsel überquert ein bis zu 3 m hoher Erdwall den Höhenrücken. Ihn sah man als das Sperrwerk der Volksburg an. Die scheinbar im Westen fehlende Fortsetzung bis an das Ufer der Alster soll der Aufhöhung sumpfigen Geländes zum Opfer gefallen sein. Das ist ein Irrtum. Die Anlage erklärt sich bei Beachtung aller erkennbaren Befestigungsspuren in anderer Weise. Auf dem Höhenrücken liegen, vom

Rest vom Hauptwall der Burg

südöstlichen Zugang gerechnet, nacheinander eine Vorburg, der Querwall und die Hauptburg, die insgesamt an beiden Seiten von Abhängen begleitet werden. Der viereckige Platz der Vorburg wurde am Eingang durch einen seitlich noch in Resten erhaltenen Vorwall von geringerer Stärke gedeckt. Eine Torlücke im Hauptwall verbindet Vor- und Hauptburg. Den südwestlichen Hang umzieht ein Weg und führt seitlich aufsteigend in die Hauptburg, kann aber zugleich in die vermutete Volksburg geleitet haben. Das Fehlen eines Walles an der Rückseite der Hauptburg, an der sich die Grenze nur durch geringe Überhöhung des Geländes der Burg erkennen läßt, zeugt für die durch die Alsterschlinge gegebene Sicherheit. Lücken in der Befestigung können Planken oder Zäune geschlossen haben. So war die Mellingburg eine selbständige Burg, die auch den Schutz für die hinter ihr liegende Volksburg abgeben konnte. In den Zeiten der Slaweneinbrüche ist diese Volksburg sicher umkämpft worden. Dabei mag auch die Mellingburg erlegen sein; denn verkohltes Gebälk im Wallfuß an der Torlücke läßt den verzehrenden Brand ahnen.[24]

Ausflügler

Klassenausflug

In der Gruppe wandert es sich netter

Mit der Familie unterwegs

Kamen die Damen mit dem Automobil?

Rechte Seite: Radfahrerverein »Rapid« von 1895 aus Langenhorn

Radfahre Verein „Rapid" von 189

Von der Alten Mühle zum Rodenbeker Quellental

Da unser Interesse sich auf den Fluß richtet, gehen wir von der Schleuse aus nicht etwa über Lemsahl. Da würden wir vom Wasser und seinen Ufern nicht viel zu sehen bekommen, sondern bleiben auf der Seite des Schleusenhauses. An heißen Tagen sucht man den Schatten und findet ihn hier dunkel und oft mit feuchtem Erdboden. Gegenüber liegen im Sonnenschein die hellen Wiesen mit Baumgruppen am Wasser und im Hintergrund.

Wir kommen einem stärkeren Rauschen näher, sehen einige Kopfweiden zur Linken und daraufhin eine Mühle, geräuschvoll arbeitend. Diese sogenannte »Alte Mühle« befindet sich am Einfluß der Saselbek in die Alster. Der hübsche Teich ist von Bäumen umgeben. Enten tummeln sich mit ihren Jungen vor dem Schilf. Wie vorher in Mellingburg, so gehen wir jetzt hinter den Gebäuden und deren Gärten links einen schmalen Pfad hinunter. Wir verlassen den Schatten, der so angenehm ist und treten auf sonnige Wiesen hinaus. Durch junge Birken schimmert das metallische Blau des Wassers. Kurz vor Rodenbek sind wir gezwungen, unseren Weg über eine Weide zu suchen. Hier gehört der Alsterlauf nicht mehr dem Wanderer, er muß bescheiden einem Glücklicheren Platz machen.[EE]

Weg an der Alster zwischen Mellingburger Schleuse und Alte Mühle

Blick über den Mühlenteich auf die Alte Mühle

Bergstedt.

Topographisches: Sehr altes Kirchdorf an der alten Hamburg-Lübecker Landstraße mit 564 Einwohnern, bildet mit Hoisbüttel einen Amtsbezirk. Die größeren bäuerlichen Besitzungen haben sich hier noch erhalten. Postagentur. Standesamt. Armenhaus eines größeren Bezirks. Ausbaue sind: Lottbek, Altenmühle und Rodenbek; im letzteren befindet sich der beliebte Ausflugsort „Rodenbeker Quellenthal"; ehemals Kornwassermühle und Lohmühle, jetzt Feilenhauerei. Am Tage nach „Mariä Heimsuchung" und am Tage nach „Martini" werden Jahrmärkte abgehalten.

Aus Wanderführer von 1901

Die Kirche von Bergstedt mit dem Gasthof Filter

Um die Jahrhundertwende verkehrten zwischen Hamburg und Wohldorf über Bergstedt Pferdeomnibusse, die auch das Rodenbeker Quellental bedienten

Ausschnitt aus dem Meßtischblatt von 1880

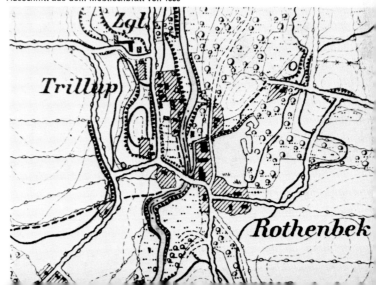

Gruss aus Rodenbecker Quellenthal

Rodenbeker Quellenthal

zwischen Poppenbüttel und Wohldorf, idyllisch schön am Walde und See gelegenes

Hotel, Pensionat und Restaurant.

Fernspr.: Amt Wohldorf No. 8.   Postatation: Bergstedt.

Die landschaftlichen Reize und klimatischen Vorzüge der Gegend machen den Ort zu einem oft und gern gewählten Ausflugsziel und zur beliebten Sommerfrische des Hamburger Publikums. — Für Wagentouren vorzügliche Chausseen über *Barmbek — Bramfeld — Bergstedt* oder *Ohlsdorf — Wellingsbüttel — Poppenbüttel.* Die Fahrstrassen von Bergstedt und Poppenbüttel sind neuestens fest ausgebaut worden.
Die Entfernung von Hamburg beträgt 18,5 km, von Ohlsdorf nur 9 km. Fussgänger gelangen von der Endstation der Strassenbahn in Ohlsdrf über Klein-Borstel, Wellingsbüttel, Poppenbüttel, Mellingstedt im Thale der Alster auf romantischen Fusswegen in 2 Stunden nach Rodenbeker Quellenthal.

Sehr comfortabel eingerichtete Logirzimmer.
Volle Pension nach Uebereinkunft.
Gross. Speisesaal u. geräumige Gesellschaftszimmer.
Schöner Restaurationsgarten und gedeckte Veranden.
— Kegelbahnen. —
Stallungen u. Wagenremisen. — Stände für Räder.
Bote zu Lustfahrten auf dem See.
Restauration zu jeder Tageszeit.
Diners Mk. 3—5.
Spezialität: Schleie.
Hiesige und echte Biere nur vom Fass.

J. H. Wecker Wwe.

Anzeige von 1901

Das Rodenbeker Quellental . . .

. . . gehört zu den schönsten Punkten, welche Hamburgs Umgebung bietet. Das durch Neubau bedeutend erweiterte, allen Ansprüchen genügende Hotel liegt inmitten schattigen Waldes an einem kleinen See, dessen Wasserfläche durch eine Anzahl kleiner bewaldeter Inseln unterbrochen wird. Die Buchen auf den Inseln und am Rande des Sees bilden mannigfaltige malerische Gruppen. Eine Fahrt durch diese kleinen Inselgruppen, zu welcher Boote vorhanden sind, bietet in fortwährendem Wechsel die mannigfaltigsten Bilder. — Angeln gestattet.[W]

Das Rodenbeker Quellental ist ein beliebter Ausflugspunkt. Wanderer, Turner, Schulen, aber auch Leute, die nur vom Wagen oder Auto aus die Natur an sich vorüberziehen lassen, begegnen uns hier. Wir würden uns gar nicht lange aufhalten, sondern uns sofort wieder im waldigen Weg verlieren, wenn nicht eine eigenartige Partie uns noch zurückhielte. Es ist am besten, wir setzen uns wieder in eines der Boote, die da liegen, fahren aber nicht auf dem Fluß spazieren, sondern wollen den Teich gegenüber dem Restaurant besuchen.

Ganz anders als unsere anderen Wasserfahrten in Fuhlsbüttel oder Poppenbüttel ist diese. Wir bewegen unser Fahrzeug zwischen kleinen Inseln hindurch, wovon einige etwas hügelig, hauptsächlich mit Buchen, die flachen aber mit Erlen bestanden sind. Kommen wir nun im Frühling dahin, welch eine Pracht von Sumpfdotterblumen! Man glaubt, im Urwald könnte es nicht üppiger grünen und blühen. Wundervoll spiegelt sich das hellgrüne durchsichtige Buchenlaub im Wasser. Dazu die stumpfen Farben des Erdbodens mit dem zitternden Bilde ihrer Stämme. Welch eine Fülle von Vergißmeinnicht, gelben Lilien und hohen Gräsern, die uns im Boot Sitzenden fast unnatürlich groß vorkommen zwischen den Erlen, deren dunkle, oft rötliche Wurzeln sich seltsam vom Wasser abheben. Ganze Märchenfiguren, Hexen und Alraunen bildet unsere Phantasie aus ihnen mit Leichtigkeit. Blühende Holunder neigen sich im Sommer in dunkle Wasser, als tränken sie noch nicht genug mit den Wurzeln. Daneben ist alles ein zartes Rosa, und ein schwacher Duft von wilden Rosen umschwebt uns. Aus dem Schilf kommen die Mücken, sie wollen unser Blut. Wir sehen Fischkörbe im Wasser, bücken uns wegen der überhängenden Zweige oder der schrägliegenden Erlenstämme, kehren wegen des seichten Wassers um, sehen ein Gehöft, dann wieder einen kleinen strohgedeckten Pavillon, eine Brücke, fahren nach links und nach rechts, lassen die Ruder sinken und genießen träumend.[EE]

Im Ruderboot durch die Inselgruppen

Blick über den Mühlenteich auf das Lokal 1900

Gruss Rodenbecker Quellenthal

Rodenbecker Quellenthal

An der Mündung des Bredenbeks lag die schon 1443 erwähnte Rodenbeker Mühle, mit der jahrhundertelang eine Kruggerechtsame verbunden war.

1872 erwarb Joh. Hinr. Wecker die Mühle. Mit Hilfe von Anbauten und Neubauten entwickelte sich ein Ausflugslokal, das infolge seiner Lage am Wald und am Mühlenteich von der hamburgischen Bevölkerung gern besucht wurde.

Das Etablissement, im Walde, am See und inmitten eines freundlichen Gartens gelegen, von Veranden und Pavillons umgeben, verdankt dem erfinderischen Geiste und der geschickten Hand seines Besitzers mancherlei Kuriositäten. Man findet Felspartien, Ruinen, Aquarium, Terrarium, originell arrangierte Sitzplätze usw.[W]

Wohldorf—
Perle Hamburgs, du bist schön

Dann steigen wir ans Ufer. Nun lockt uns das Gasthaus. Wir essen und trinken, worauf wir, um ein neues
Bild reicher, uns weiterbegeben. Bald hört der wald-
artige Weg für kurze Zeit auf. Zwischen Feldern gehen
wir dahin, der Kibitz fliegt vor uns her, setzt sich auf
eine Ackerscholle und läßt uns sein Gefieder und seinen hübschen Schopf bewundern. Zur Seite rankt sich
der Hopfen durch die Büsche. Vor uns liegt unter den im
Wind leise raschelnden Pappeln eine Scheune, und der
Wald nimmt uns wieder auf. Diesmal ist es richtiger
Wald. Die gepflegten Wege und eine Bank lassen aber
darauf schließen, daß Menschen nicht weit sind. Hier
kommen wir zum Hamburger Wald nach Wohldorf. Wenn
wir uns bei der Post vorbei links halten, würden wir bald
wieder die Alster sehen. Gehen wir aber vorher einen
breiten Waldweg entlang, so können wir in einem Bogen zur selben Stelle kommen, sehen aber noch allerlei
anderes, ehe wir wieder an der Alster stehen. Der Waldweg bringt uns auf eine Dorfstraße. Wir sehen das
freundlich gelegene Ohlstedt. Landleute begegnen uns,
die zu Wagen oder mit Sensen ihrer Beschäftigung nach-
gehen. Wir treffen aber auch Städter, die sich hier einge-
mietet haben, um ihre freie Zeit in Wald und Feld, auf
stillen Wegen oder am Wasser zu genießen.[EE]

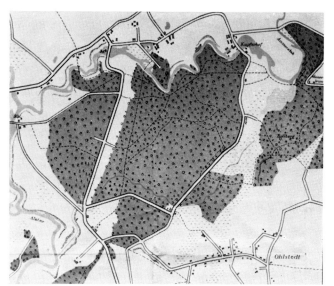

Übersichtsplan von Wohldorf-Ohlstedt

Wohldorf — Ohlstedt

*Beide Orte sind zu einer Gemeinde vereinigt. Wohl-
dorf, das mit Recht seinen Namen trägt und zu den
besuchtesten Hamburger Walddörfern gehört, liegt zerstreut, überall von Wald umrahmt, jeder Fleck ist ein
liebliches Idyll; Ohlstedt dagegen gruppierter. In Wohldorf befinden sich ein Hof, eine bedeutende Kornmühle,
die durch die hier in die Alster mündende Aue getrieben
wird, eine Försterei, ein sogenanntes Herrenhaus, das
dem jeweiligen Landherrn der Geestlande zum Aufenthalt überwiesen ist. Einwohnerzahl 487. Omnibusfahrt
bis Hamburg.[W]*

137

Einkehr-
möglichkeiten

Anzeige von 1901

Hotel und Pension »Waldeslust« 1904

Gasthöfe um 1900: »Waldhaus«, »Zum alten Forsthof«, »Zur Schleuse«, »Gasthaus Bock«, »Waldeslust«, »Zur Mühle« u. a.

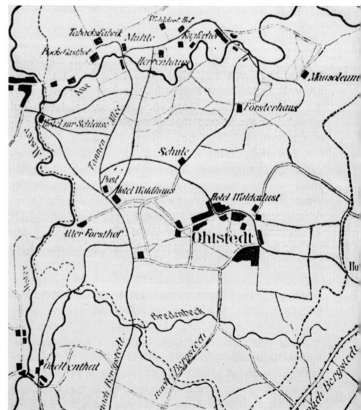

An der Dorfschule vorbei

Das Schweizer Häuschen mit Koopmanns Mausoleum im Hintergrund

Ein friedliches Gefühl zieht durch unsere Brust, welches in Kindheitserinnerungen übergeht, als wir bei der am Waldrand gelegenen Dorfschule vorbeigehen, durch deren Fenster man das graue Haupthaar des Lehrers sieht, der mit den Kindern singt.

Der Wald nimmt uns wieder auf. Seine stillen Pfade locken uns an. Zwischen den hellen Buchenstämmen geht unser Weg in sanften Windungen dorthin, wo wir ein Mausoleum gelegen wissen. Uns gefällt aber das Waldhäuschen davor viel besser. Und das ist gar nicht zu verwundern. Dort der Ernst des Todes, hier friedliche Zeichen des Lebens. Dort Bronzebilder, breite Stufen zur großen Tür und hohe Kuppel, hier Fachwerkbau mit Holzgalerie vor dem oberen Stockwerk, Hühner, kläffender Hund, allerlei Gerät und leere Bienenkörbe beim Hause. Gehen wir den Waldweg noch weiter, so haben wir wieder Wiesen vor uns, durch die der Ammersbek sich hinzieht. In dem dunklen Spiegel der Buchen und Eichen blühen viele weiße Wasserrosen. Wir stehen auf einer primitiven Brücke, blicken nach beiden Seiten, wie sich hier unregelmäßig kleine teichartige Becken bilden, über denen die schönen Bäume ihre Zweige niederhängen.[EE]

Wohldorf ist ein herrliches Wald-Idyll, rings umgeben vom kühlen Waldesschatten mächtiger Buchen. Einzelne Teile des Waldes, wie die »Tannenallee«, eine schnurgerade, von hochstämmigen Edeltannen eingefaßte Straße, wie die Waldpartien am Ufer des Baches sind von wunderbarer Schönheit.

Das Herrenhaus liegt auf einer von Wall und Graben umgebenen Insel und zeigt die Überreste alter Befestigungen.

Schöne Spaziergänge macht man nach der Wohldorfer Mühle, einer wenige Minuten entfernten romantisch gelegenen Wassermühle (Restaurant) — ferner nach Koopmanns Mausoleum, dem hochgelegenen schönen Erbbegräbnis genannter Familie (weite Aussicht) — ferner nach dem Kupferhofe (kleines Restaurant).[W]

Der Kupferhof in Wohldorf

Der Kupferhof, stark vergrößerter Ausschnitt aus einer Ansichtspostkarte

N

z. Kupferhof

Wohldorfer·Hof

ehem.

Vorwerk

Herren Stall

Wohldorfer Herrenhaus
1807

Waldhaus-
Hütscher

Wenn man auch sonst nicht gern denselben Weg zurückgeht, im Walde ist es anders. Da ist es immer hübsch. Daher kehren wir auch um. Rechts biegen wir ab zur Försterei, um zum Kupferhof zu kommen. Etwas Weltfremdes liegt über diesen Gebäuden am Teich. Kleine nette Häuser sind rechts und links unter Linden, traulich, alt. Der größte Bau an der Brücke mit vielen Fenstern und einem Türmchen scheint ganz verlassen. Man hat nirgends mehr den Eindruck eines starken Betriebes, wo früher ein Kupferhammer und später eine Zeugfabrik hier ihre Erzeugnisse hervorbrachten. Gegenüber liegt ein behagliches Wohnhaus mit einem schattigen Garten am Teich.EE

Die Wohldorfer Mühle

Das Herrenhaus in Wohldorf

Das Herrenhaus in seiner angenehmen Einfachheit ist von Gräben umgeben, der Weg von der Mühle bis hier ist mit einer schönen Lindenallee bestanden, durch die man seitlich liebliche Blicke genießt auf Aue und Wald. An der Allee liegt eine kleine Bäckerei mit Wirtschaft, zu deren Dach die blühenden Syringen hinaufzugreifen scheinen. Auf dem Platz vor der Wohldorfer Mühle steht ein Wegweiser, mit einem buntbemalten Holzpüppchen verziert. Es dreht sich im Winde und seine weißen Flügelarme ebenfalls. Links am Mühlenteich vorbei können wir rechts in den Wald gehen, wo die Aue das Waldbild belebt. Es sind hier so viele schöne Spazierwege, daß man immer wieder Neues sieht. Wege mit herrlichen alten Tannen, deren Zweige wie graue Bärte über unserem Kopf hängen, oder Wege an schönen Buchen und Weiden entlang.[EE]

Mit der elektrischen Kleinbahn
nach Wohldorf

Alte Schmiede

Wollte vor Inbetriebnahme der Walddörferbahn jemand nach Wohldorf, so mußte er zuerst mit der Lübeck—Büchener Eisenbahn vom Hauptbahnhof nach Alt-Rahlstedt fahren und sich dort der elektrischen Kleinbahn anvertrauen, und wenn er Glück hatte, eine sehr luftige Reise unternehmen. Im allgemeinen bestand nämlich ein solcher Kleinbahnzug aus einem Triebwagen und zwei doppelstöckigen Anhängern, auf deren Oberdeck zu fahren, vor allem im Sommer, ein besonders angenehmes Erlebnis war.

... nach Durchqueren des Wohldorfer Waldes — besonders in den sommerlichen Abendstunden auf dem Oberdeck nicht ohne Romantik! — erreichte der Zug seine Endstation, den Bahnhof Wohldorf. Die ganze Fahrt über Alt-Rahlstedt nahm 65 Minuten in Anspruch.

Die elektrische Kleinbahn wurde nicht nur von den Einheimischen der Walddörfer und der benachbarten Gemeinden als damals einziges Verkehrsmittel zur Stadt viel benutzt, auch der Ausflugsverkehr war sehr lebhaft. Pfingsten 1913 wurden z. B. 14 830 zahlende Fahrgäste befördert.[25]

Linke Seite: Im Wohldorfer Wald

Abfahrtstelle der elektrischen Kleinbahn in Wohldorf 1910

Elektrische Kleinbahn
Altrahlstedt-Volksdorf-Wohldorf

Personen-, Stückgut- und Waggon-Beförderung.

Fahrplan giltig vom 1. Oktober 1909.

Richtung: Wohldorf-Volksdorf-Hamburg sowie Wohldorf-Lübeck.

Stationen

Richtung: Hamburg-Volksdorf-Wohldorf sowie Lübeck-Wohldorf.

Station	km
Wohldorf (ab/an)	12,9
Tannenallee	12,3
Ohlstedt	11,3
Lottbeck	9,3
Ohlendorffs Tannen	8,3
Volksdorfer Feldmark	7,4
Bergstedter Weg	7,0
Volksdorf (Bahnhof) (ab/an)	6,8 / 6,1
Siebenbuchen	5,35
Oberförsterei	4,9
Volksdorfer Wald	4,5
Meiendorf, Feldmark	3,5
Ahrensb. Chaussee	2,85
Meiendorf, Offen	2,65
Eggers	2,25
„ Lorenz	1,85
„ Aue	1,55
Oldenfelde, Eggers	1,25
„ Farms. Weg	0,5
Altrahlstedt (Stoffers) (ab)	0,4
Altrahlstedt (ab)	12,4
Wandsbek	
Hasselbrook	
Berliner Tor	
Hamburg Hptb. (an)	12,4
Altrahlstedt (ab)	51,6
Ahrensburg	42,5
Oldesloe	23,9
Lübeck (an)	51,6

Bemerkungen:
1. Die Nachtzeiten von 6.00 Uhr abends bis 5.52 Uhr morgens sind durch Unterstreichen der Minutenziffern gekennzeichnet.
2. Die links von den Haltestellen stehenden Zeiten werden von oben nach unten, die rechts von den Haltestellen stehenden Zeiten von unten nah oben gelesen.
3. An Sonn- und Festtagen, sowie je nach Erfordernis, fahren Sonderzüge.
4. Die Post- und Gepäckbeförderung findet an Werktagen durch die Züge 6, 15, 26, 33, 36 und 37; an Sonn- und Festtagen durch die Züge 6 und 29 statt.
5. Die Stückgutbeförderung findet nur an Werktagen durch die Züge 6, 15, 26, und 33 statt.
6. An sämtlichen Zwischenhaltestellen wird nur nach Bedarf gehalten.
7. Die Benutzung der Arbeiterwochenkarten ist durch die Züge Nr. 2, 4, 6, 8, 28, 30, 32, 34, 36, 38 und 40 Richtung Wohldorf, Nr. 1, 3, 5, 7, 9, 27, 29, 31, 33, 35 und 37 Richtung Altrahlstedt zulässig. An den Tagen vor den Festtagen kann die Rückfahrt mit jedem Zuge erfolgen.

Es bedeutet: a Der Zug hält nur zum Aussteigen. e Der Zug hält nur zum Einsteigen. * Der Zug hält in Berliner Tor nur Werktags. † Nach Lübeck umsteigen!

Druck von G. Lübsen, Altrahlstedt.

Bei der Wohldorfer Schleuse

Am Waldrand liegt die Abfahrtstelle der elektrischen Bahn nach Alt-Rahlstedt. Bei der Wohldorfer Schleuse angelangt, setzen wir uns vor dem Gasthaus auf eine Bank. Vor uns große Erlen und Pappeln. Der Weg führt hinab zur Brücke, nach links und rechts bietet sich dem Blick viel an Wiesen, Bäumen, Wasser und Dorf. Die Alster rauscht durch die Schleuse, weiß und braun mit gelben Blasen, das Blau des Himmels spiegelt sich dazwischen. An den seitlichen Holzwänden wogt das Wasser auf und ab. Die Schleusenwärter arbeiten auf der Brücke. Abwärts steht ein ländliches Fuhrwerk mit einer großen Wassertonne. Knechte in bläulichen Kitteln und mit nackten Beinen füllen sie. Die Pferde stehen bei der sommerlichen Hitze gern im Wasser und wedeln sich die Fliegen ab.[EE]

Für Liebhaber des Rudersports bietet die Alster im Wohldorfer Walde ein an landschaftlichen Schönheiten reiches Gebiet. Mit leichten Booten ist die Alster bis nach Kayhude und Nahe hinauf befahrbar, doch empfiehlt es sich, die Schleusenwärter von Fuhlsbüttel aufwärts, die Herren Schleu in Poppenbüttel, Timmermann in Mellingburg, Timmermann in Wohldorf, Wilhöft in Rade und Jacker in Kayhude von einer beabsichtigten Fahrt zu benachrichtigen. Besonders schön sind die Strecken zwischen Mellingburg und Wohldorf und zwischen Wohldorf und Wulksfelde, welche indessen noch durch eine Fahrt zwischen Wohldorfer Schleuse und Weberei übertroffen wird. Für diese Fahrt sind im »Hotel zur Schleuse« Boote zu haben.[W]

Linke Seite: Fahrplan von 1909

Die Wohldorfer Schleuse

Wohldorfer Schleuse mit Übergang nach Duvenstedt

Hotel und Pensionat
„Zur Schleuse"
Wohldorf.

Halte mein Etablissement Ausflüglern, Klubs und Vereinen bestens empfohlen.

Vorzügliche Hamburger Küche.
Ausschank von hiesigen und Münchener Bieren,
— ff. Weine. —

Herrlich am Wald und Wasser belegen, daher Erholungsbedürftigen besonders zu empfehlen.

Freundliche Zimmer. Gute Betten.
Volle Pension pr. Tag von Mk. 3.50 an.

Großer Saal, sowie größere und kleinere Klublokalitäten für Vereine und Gesellschaften. Schöner Garten mit Pavillons und Kegelbahn. Ausspann ꝛc.

Der Besitzer W. Timmermann.

Wohldorf.
Bock's Gasthaus
Pensionat. • Restaurant d. D. R.-B. • Kegelbahn. • Salon.
Grosser Garten
von herrlichstem Buchenwald begrenzt.

Gelegenheit zu Bootfahrten auf der Alster.

Allen Clubs, Touristen und Erholungsbedürftigen als angenehmster Ausflugs- resp. Aufenthaltsort zu empfehlen.

Von Radfahrern über Glashütte-Duvenstedt, sowie über neuerbaute Chaussee Poppenbüttel-Duvenstedt leicht zu erreichen.

H 18] **Preise billigst.**

Anzeigen von 1901

Gasthaus »Zur Schleuse« in Wohldorf

146

Das rühmlichst bekannte Wirtshaus von Hütscher
Anzeige von 1901

...bis wir Wohldorf erreicht haben und in dem rühmlichst bekannten Wirtshause von Hütscher das der Sicherheit wegen schon vorher bestellte Quartier aufsuchen. Ein Frühlingsabend da draußen, wenn die untergehende Sonne das verschiedenfarbige Laub und die weißen Blüten der Obstbäume beleuchtet, gewährt bei der nur durch den Vogelsang unterbrochenen ländlichen Stille einen sehr wohltuenden Genuß, und drinnen im Hause finden wir gute Verpflegung und angenehmes Nachtquartier.[W]

Im »Forsthof« lebte einst der Waldvogt

Seit dem Ende des vergangenen Jahrhunderts trägt das Anwesen diesen Namen zur Erinnerung an seine ursprüngliche Bestimmung. Bis 1835 befand sich hier der Amtssitz des hamburgischen Waldvogts. Joh. Aug. Wilh. Meinhardt erbaute in den 90er Jahren die heutigen Gebäude des alten Forsthofs, die bald danach für den Hotelbetrieb umgestaltet wurden. Um 1900 war Otto Wiede der Pächter. Das Innere war dem damaligen Geschmack entsprechend elegant gestaltet. Große Stallungen waren gleichfalls vorhanden, um die Pferde der von Hamburg kommenden zahlreichen Gespanne unterzubringen. Die starke Konkurrenz der zahlreichen Gasthöfe

148

Brücke nach Duvenstedt

Duvenstedt   Brücke

Oberhalb der Wohldorfer Schleuse

und Hotels erschütterte die Rentabilität des Unternehmens. So mußte der »Alte Forsthof« seine Pforten schließen, und das Gebäude wurde wieder für private Wohnzwecke hergerichtet.[26]

Aufwärts erweitert sich die Alster, traulich liegt ein Häuschen unter Bäumen am Wasser hinter Holunderbüschen, dann der schöne Wald, vor dem sich gewellte Felder hinstrecken. Jenseits die Häuser von Duvenstedt.

Eine solche Fülle von landschaftlichen Schönheiten wie das Alstertal sie zwischen Wohldorf und Fuhlsbüttel zeigt — waldreiche stille Flußufer mit großen Wiesen, malerisch in ihrer Verschiedenheit —, findet man nun von Wohldorf aus flußaufwärts nicht mehr.[EE]

Postomnibus vor Blunks Gasthof in Duvenstedt um 1907

150

Mit dem Postbus unterwegs

Am 31. Januar 1907 fuhren die ersten motorisierten Postbusse von Hamburg über Lokstedt, Schnelsen, Garstedt, Ochsenzoll, Glashütte, Tangstedt nach Duvenstedt und über Wohldorf, Sasel, den Grünen Jäger und Hellbrook zurück nach Hamburg. Die Rundfahrt kostete ganze 3,20 Goldmark. Jeden Tag gingen zwei Busse um 6.10 und um 14.10 auf die Reise. Der Fahrer kassierte. Die Fahrscheine wurden vom Postmeister in Wohldorf kontrolliert, denn Wohldorf hatte das einzige Postamt am Wege. Sonst hielt man nur vor Gaststätten, in denen die Posthilfsstellen untergebracht waren. Während der fast drei Jahre, in denen die Strecke befahren wurde, gingen fröhliche kleine Gesellschaften gern mit der motorisierten Post auf Ausflugsfahrt. Da kam es auf einige Verspätung nicht an. Die zwölfsitzigen Busse waren nur vorn luftbereift, hinten hatten sie Vollgummireifen. Unterm Fahrersitz war ein Tresor für Wertsachen, auf dem linken Trittbrett stand der Behälter für Briefe, Pakete kamen aufs Dach. Manchmal kam es auch zu Verspätungen bis zu 12 Stunden, denn die Fahrer hatten ihre liebe Not mit den Fahrzeugen, Feder- und Kettenbrüche waren an der Tagesordnung. Für Unfälle aber war vorgesorgt: Jeder Fahrer hatte ein Telefon bei sich und warf, wenn es nötig wurde, mit einem Bambusstab einen Draht über die Überlandleitung, um Hilfe bei der OPD anzufordern. Die Busse waren nicht nur mit einer Hupe ausgestattet, um das Federvieh von den holprigen Landstraßen zu verjagen. Der »Kaiserliche Kraftfahrer« hatte vom Postillon auch das Posthorn übernommen, um seinem Tatü-tata mit melodischen Klängen Nachdruck zu verleihen.[27]

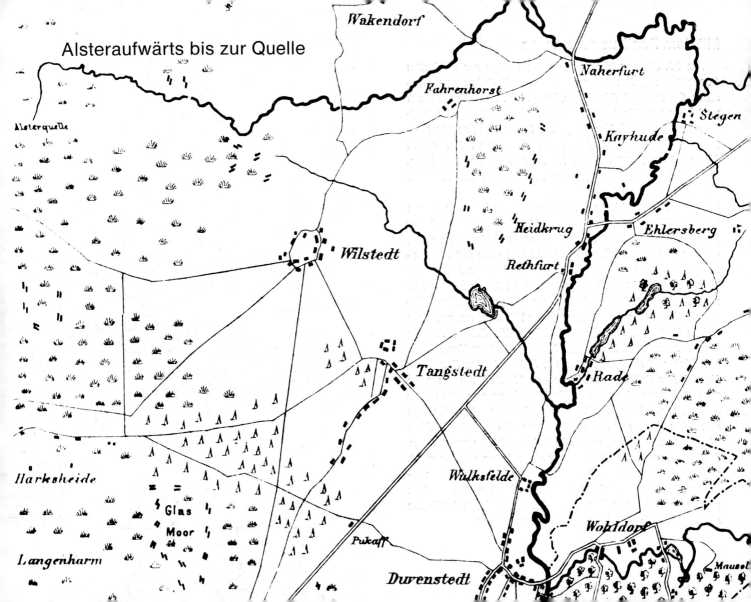

Alsteraufwärts bis zur Quelle

Duvenstedt   Wulksfelder Hof

Alsterübergang bei der Wulksfelder Schleuse
Linke Seite: Ausschnitt aus Wanderkarte um 1900

Gewiß sind hin und wieder für den intimen Beobachter noch liebliche Buchten und Überblicke, doch ist nicht zu verhehlen, daß das Alsterufer jetzt einfacher wird. In der Hauptsache Wiesen, nicht einmal in der früheren Üppigkeit vor sich, gelingt es dem Wanderer auch nicht gerade oft, an den Fluß zu kommen. Er sucht, wenn er über Duvenstedt nach Wulksfelde geht, möglichst die Holzungen auf, die sich noch bis vor Rade hinziehen. Weil es nicht anders geht, benutzen wir ein kleines Stück die Chaussee, auf der wir beim Gut Wulksfelde vorbeikommen. Das zurückliegende, einfache Herrenhaus zieht uns nicht weiter an. Wir lassen einige Arbeiterhäuser am Wege liegen und gehen rechts bei einem saubergefegten alten Backofen vorbei ins Holz.[EE]

Wurksfelder Schleuse und Heidkruger Schleuse

Die Alster kommt als schmales Flüßchen

Biegen wir von der Chaussee nach Stegen ab, so wird man sofort für die Öde der Landstraße entschädigt. Hier ist es schattig. Die Alster kommt als schmales Flüßchen an die Straße, um uns zu begrüßen. Der Weg führt uns auf den Hof, der mit schönen Bäumen umstanden ist. Hierher kommen manchmal Touristen, um den Ort zu besehen, wo in grauer Vorzeit eine Burg gestanden hat. Doch findet man von der Burg natürlich nichts mehr. Es wird nur eine Koppel gezeigt, wo sie gestanden haben soll. Um zur »alten« Alster, die hier bei Stegen in unsere Alster fließt, und zum Bornhorster Teich zu gelangen, gehen wir an der Seite des Hofes am Hofgarten vorbei, der im tiefen Frieden von hohen Hecken umgeben daliegt. Über eine einfache Brücke erreichen wir den Moordamm. Sehen weite Felder, zur Linken die »alte« Alster, weiß von Wasserranunkeln, mit blauen Vergißmeinnicht-Ufern. Im Hintergrund entdecken wir Leute, die im Moor arbeiten. Der vorher durchstreifte Waldcharakter verändert sich also. Wir kommen der Moorgegend näher, und je weiter wir der Quelle unseres lieben Flusses entgegengehen, desto reiner tritt uns dieser Charakter entgegen. Soweit sind wir aber noch lange nicht.[EE]

Brücke über die obere Alster

Die junge Alster

In der einzigen Wirtschaft erkundigen wir uns, ob man die Alster bis Naherfurth zu Fuß verfolgen kann. Leider wird das verneint, man muß also auf gewöhnlichen Dorf- und Land- sowie Feldwegen allmählich dahin gelangen, und es ist auch wohl wieder ein Stück Chaussee nicht zu vermeiden. Westlich von Kayhude dehnt sich das große Moor aus, in das wir bei Naherfurth hineingehen, um dort die Alster soviel wie möglich zu verfolgen. Sie nimmt in dieser Gegend die Rönne auf, die aus dem Idstedter See kommt. Unser Fluß ist hier nur schmal, da wir ja dem Quellgebiet bedeutend näher sind. Nach der Henstedter Gegend hin, westlich, sehen wir im Hintergrund die hügelige Ferne, davor Felder mit Baumgruppen. Alsterabwärts ebenfalls ausgedehnte Felder mit baumreicher Ferne. Im goldigen Duft, voll zarter Schleier, liegt das Moor. Das Wollgras steht regungslos im Wasser, wo Torf gestochen wurde.[EE]

Auf dem Wege nach Speckel

Der letzte Teil unserer Wanderung könnte vielleicht an einem etwas nebeligen Morgen unternommen werden. Über dem Moor, mit seinen dazwischenliegenden kräftigen Futterwiesen, liegt ein feiner grauer Dunst. Wir kommen an einzelnen Katen und Gehöften vorbei. Auf dem Wege nach Wakendorf kreuzen wir die Alster. Das vor uns liegende Dorf, zu dem wir auf Wegen zwischen Eichen-Knicks gelangen, liegt behaglich da und hat einen hübschen Baumbestand. Aber wir sind jetzt zu weit von der Alster fortgegangen. Auf dem Wege nach Speckel biegen wir links nach Wilstedt ab, nicht um dahinzugelangen, sondern um den Fluß zu treffen. Die Knickwege werden, je weiter man sich der Alster nähert, offener. Weite, üppige Wiesen mit Vieh liegen vor uns. Die Wegränder und gehauenen Knicks blühen aufs schönste. Nirgends ein Mensch. Seit Wohldorf und dem letzten Gehölz bei Wulksfelde gefällt es uns hier wieder am besten, wenn auch im Charakter ganz anders. Vor uns taucht eine Brücke aus den Wiesen auf. Aus kräftigen silberbemoosten Eichenbalken in einfach sachgemäßer Form, führt sie uns über die Alster.[EE]

Die oberste Alsterbrücke
Bei der Speckelfurt

Moorkate in der Nähe der Alsterquelle

Die Alster unweit der Quelle

Nun kommen wir einer Hütte näher, deren kleiner
Eingang sich uns schon von weitem als dunkler Fleck
zeigt. Das ist unser Ziel! Wer nun allein oder mit einem
oder zwei Freunden gegangen ist, hat von dem Ein-
druck der Alsterquelle in ihrer rührenden Einfachheit
am meisten. Lärm gehört dahin nicht. Ein paar Erlen
stehen an einem braunen Moorloch. In ihrem Schatten
erhebt sich ein Gedenkstein des Hamburger Turnerbun-
des. Wir strecken uns am Rande der ganz stillen Moor-
quelle, »Alster« genannt, im Gras aus. Drüben auf dem
Geestlande liegt Henstedt. Außer einer Moorkate unter
Bäumen sehen wir sonst keine menschliche Behausung.
Die Lerchen jubeln in den Lüften, blühende Heideglöck-
chen gucken mit ihren rosa Gesichtchen in die Sonne.
Wir sind mit uns und der Natur in beglückender Harmo-
nie allein.[EE]

Die 1907 erbaute Schutzhütte des Alstervereins an der Alsterquelle

Am Ziel — die Alsterquelle

Der eigentümliche Bau stellt keinen Hottentottenkral, sondern die 1907 vom Alsterverein errichtete Schutzhütte an der Alsterquelle dar. Da sich die Zahl der Touristen, besonders an Sonn- und Festtagen, von Jahr zu Jahr mehrt, hat man es für eine Ehrenpflicht gehalten, eine Hütte mit einem so großen Raum zu errichten, daß gegen 50 Touristen bei etwaigem Regenschauer darin Unterschlupf finden können, oder daß Familien dort bei Sonnenbrand oder Windschauern darin ausruhen und ihr Butterbrot verzehren können.[28]

De Alsterquell.
(Int Vörjahr.)

Dar ligt de Kaat, — dar ligt de Soot. —
Un wiid un siid, as weer se doot,
dar ligt de Heid. —

Wat heww ick dar för'n Stimm vernam'n?
De Barken steekt de Köpp tosam'n:
Watt weer't? —

Watt 'schüt dar an'e Alsterquell?
En Vagel is't? — Vertell, vertell!
En Vagel? —

De irste Lark is wellerkam'n,
vertellt de ol'n wittnäsig Dam'n,
datt't Vörjahr ward!

Denn flügt se hoch — heidi! heidi! —
Wi sünd de irst, de irst sünd wi,
wenn't Vörjahr ward!! —

— — —

Dar ligt de Kaat —
Dar ligt de Soot —
Un wiid un siid, as weer se doot,
dar ligt de Heid.

H. Claudius.

Quellenverzeichnis

EE Ernst Eitner, »Die Alster — Beschreibung aus den Jahren um 1900«. Manuskript.

W Aus Wanderführern, 1890—1914.

1. Gustav Falke, »Die landschaftliche Umgebung Hamburgs« in Reclams Universum 1911, Hamburg-Heft.
2. Jahrbuch des Alstervereins 1942.
3. Ernst Rump, »Künstler-Lexikon«, Hamburg 1912.
4. »Alstertal — Führer und Handbuch für das obere Alstergebiet«, Fuhlsbüttel 1912.
5. Ferdinand Bertram, »Mein Hamburg« — 1. Teil »Die Alster«, Hamburg 1921.
6. Oskar Schwindrazheim, »Hamburg«, Leipzig 1905.
7. Wilhelm Melhop, »Historische Topographie . . . 1880—1895«, Hamburg 1895.
8. Wilhelm Melhop, »Historische Topographie . . . 1895—1920«, Hamburg 1923.
9. Nach Armin Clasen in »Winterhuder Bürger«, Zeitschrift des Winterhuder Bürgervereins von 1872 e. V.
10. Nach Helmut Alter in »Der Eppendorfer«, Mitteilungen des Eppendorfer Bürgervereins von 1875.
11. Nach Karl Scheffler, »Der junge Tobias«, Hamburg und München, 1962.
12. John Gabriel, »Gradierung der Alster«, Jahrbuch des Alstervereins 1909.
13. C. Hentze, »Hamburg — Heimatkunde für Schule und Haus«, Hamburg 1913.
14. Armin Clasen, »Fuhlsbüttel und Ohlsdorf«, Hamburg 1963.
15. Ernst Eitner in »Fuhlsbüttel — Gedenkschrift . . .«, Hamburg 1934.
16. Hermann Claudius, »Ulenbütteler Idylle«, Bertelsmann Verlag Gütersloh.
17. E. Sparmann, »Ein alter Pferdeknecht erzählt vom Gut Wellingsbüttel«, Jahrbuch des Alstervereins 1969.
18. Otto Tafelsky, »100 Jahre Friedenseiche in Wellingsbüttel«, Jahrbuch des Alstervereins 1967.
19. Albert Henneberg, »Poppenbüttler Jahrmarkt«, Jahrbuch des Alstervereins 1955.
20. Wilhelm Melhop, »Die Alster«, Hamburg 1932.
21. Nach Wilhelm Eggert, »50 Jahre Alsterverein«, Jahrbuch des Alstervereins 1950.
22. Wilhelm Schröder, »Das Gut Hohenbuchen«, Jahrbuch des Alstervereins 1946/47.
23. Oskar Miek, »Als noch die Alsterböcke fuhren« in »Die Landschaft um Wohldorf«, Hamburg.
24. Ferdinand Frohböse, »Von Burgen in und um Stormarn« in »Stormarn«, Hamburg 1938.
25. Nach Horst Lehne, »Die elektrische Kleinbahn Altrahlstedt—Volksdorf—Wohldorf«, Jahrbuch des Alstervereins 1960.
26. Nach Alf Schreyer, »Wohldorf und Ohlstedt«, Hamburg 1971.
27. Nach »Hamburger Abendblatt«.
28. Nach Ludwig Frahm, »An der Alsterquelle«, Jahrbuch des Alstervereins 1908.

(Die Zitate wurden zum Teil stark gekürzt.)

Bildnachweis

Nachlaß von Prof. E. Eitner, Seite 4, 5, 6, 8, 9, 10 oben, 12, 13, 15, 16 unten, 58 und 59 unten rechts, 61 oben, 62 unten rechts, 63, 66 unten, 68 oben rechts, 70, 76, 79 unten links, 80, 81, 83 unten, 85, 86 unten rechts, 88 oben, 95 unten links, 108 oben rechts, 125 unten links.

Sammlung Armin Clasen, Seite 17, 18 unten, 19, 20 oben links, 22, 25, 26 unten, 27 oben rechts, 31 links, 32, 36 unten links.

Sammlung Helmut Alter, Seite 26 oben, 27 links, 28, 30 oben, 31 rechts.

Bildarchiv Fritz Lachmund, Seite 45, 54, 97, 107, 111, 116, 150, 124 rechts.

Archiv Christophorus-Kirche, Hummelsbüttel, Seite 84 unten, Seite 86 oben.

Aus »Wohldorf und Ohlstedt« von Alf Schreyer, Seite 139, 146 unten rechts, 147 oben links.

Aus »Die Alster« von Wilhelm Melhop, Seite 27 unten rechts, 29 rechts, 40 oben rechts, 41 oben links, 42 unten links, 51 rechts, 96 rechts, 128 oben rechts, 140 oben rechts, 141 oben links, 145 unten, 156 oben links.

Sammlung Dipl.-Chem. H. P. Lehne, Seite 49 unten links, 143 unten rechts, 144.

Aus »Stormarn« (F. Frohböse), Seite 129.

Phot. R. Henschler (Archiv Bürgerverein Fuhlsbüttel), Seite 40 unten links, 91, 99, 113, 119, 122, 123, 125 außen unten links, 126 unten. 127 oben links. 132.

Sammlung Wilhelm Wolgast (Archiv Bürgerverein Fuhlsbüttel), Seite 66 oben links, 67 rechts, 88 unten, 90, 94 unten links, 95 unten links, 100 oben links, 101, 109 oben rechts, 127 unten rechts, 135 oben rechts, 140 oben links, 145 oben, 149 unten rechts, 154 unten links, 157 oben links, 158.

Phot. Krebs/Steinacker (Archiv Bürgerverein Fuhlsbüttel), Seite 126 oben links, 128 oben links, 142, 153 rechts, 154 oben links, 155, 156 unten links, 157 rechts,.

Die Insertionen und Angaben über einzelne Ortsteile (Topographisches u. a.) stammen aus dem 1901 vom Alsterverein herausgegebenen »Führer durch die Alstergegend«. Darüber hinaus stellten viele Bewohner des Alstertals, insbesondere aus Fuhlsbüttel und Umgebung, die hier aus Platzmangel nicht namentlich aufgeführt werden können, Bildmaterial zur Verfügung. Allen sei an dieser Stelle herzlich gedankt.

Inhalt